# 中国传统村落调查

## 湖南泸溪卷

丛书主编 段超 田敏

本卷主编 吴开松

本卷副主编 郭倩

湖北省公益学术著作出版专项资金
Hubei Special Funds for Academic and Public-interest Publications

长江出版传媒
湖北人民出版社

**图书在版编目(CIP)数据**

中国传统村落调查. 湖南泸溪卷 / 吴开松主编. —武汉 : 湖北人民出版社, 2023.8

ISBN 978-7-216-10355-8

Ⅰ. ①中… Ⅱ. ①吴… Ⅲ. ①村落-调查研究-泸溪县 Ⅳ. ①K928.5

中国版本图书馆CIP数据核字（2021）第264386号

总 策 划：马 骏
徐 艳
责任编辑：余 莎
许智元
封面设计：刘舒扬
责任校对：范承勇
责任印制：杨 锁

中国传统村落调查. 湖南泸溪卷
ZHONGGUO CHUANTONG CUNLUO DIAOCHA HUNAN LUXIJUAN

| | |
|---|---|
| **出版发行：** 湖北人民出版社 | **地址：** 武汉市雄楚大道268号 |
| **印刷：** 湖北新华印务有限公司 | **邮编：** 430070 |
| **开本：** 787毫米×1092毫米 1/16 | **印张：** 11.75 |
| **字数：** 179千字 | **插页：** 11 |
| **版次：** 2023年8月第1版 | **印次：** 2023年8月第1次印刷 |
| **书号：** ISBN 978-7-216-10355-8 | **定价：** 52.00元 |

本社网址：http://www.hbpp.com.cn
本社旗舰店：http://hbrmcbs.tmall.com
读者服务部电话：027-87679656
投诉举报电话：027-87679757
（图书如出现印装质量问题，由本社负责调换）

岩门古堡入口(李敏敏　摄)

欧溪自然风光(方玉萍　摄)

青瓦屋顶(刘璐　摄)

新寨坪自然风光(方玉萍　摄)

芭蕉坪村古树群休闲区(刘璐　摄)

富硒茶种植林(方玉萍　摄)

情人谷内瀑布下的水潭(方玉萍　摄)

双龙抢宝(方玉萍　摄)

马头墙(李敏敏　摄)

建筑细部图(李敏敏　摄)

建筑细部图(李敏敏　摄)

建筑细部图(李敏敏　摄)

椰木溪村文化墙(李敏敏　摄)

岩门古堡寨门口(李敏敏　摄)

岩门村道场大院(李敏敏　摄)

芭蕉坪村(方玉萍　摄)

特色吊脚楼(方玉萍　摄)

木雕(李敏敏　摄)

壁板雕花　(李敏敏　摄)

木雕(李敏敏　摄)

木雕(李敏敏　摄)

木雕(李敏敏　摄)

吊脚楼(李敏敏　摄)

特色民宿(李敏敏　摄)

康家大院南北侧(岩门村工作人员　供图)

孙氏家族百年古匾照
(三角潭村工作人员　供图)

苏氏族谱(刘璐　摄)

跳香工具(方玉萍　摄)

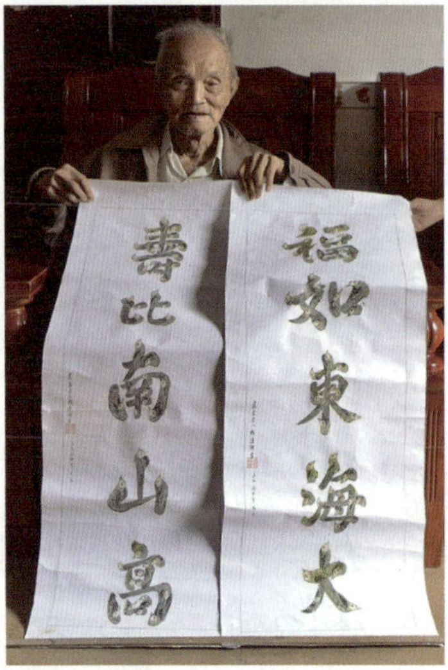


雀儿字创造人杨通湖(李敏敏　摄)

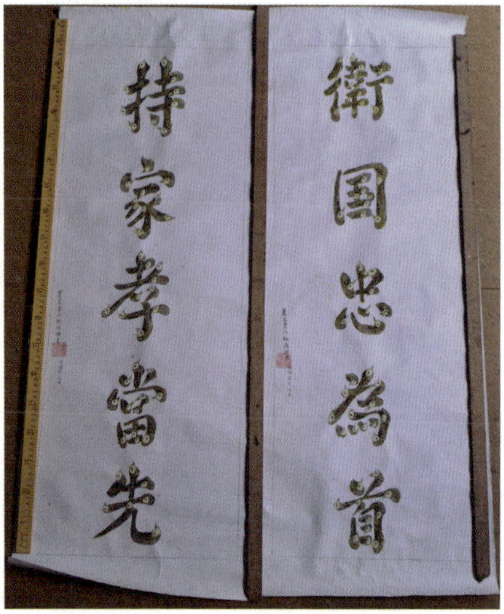


雀儿字作品(李敏敏　摄)

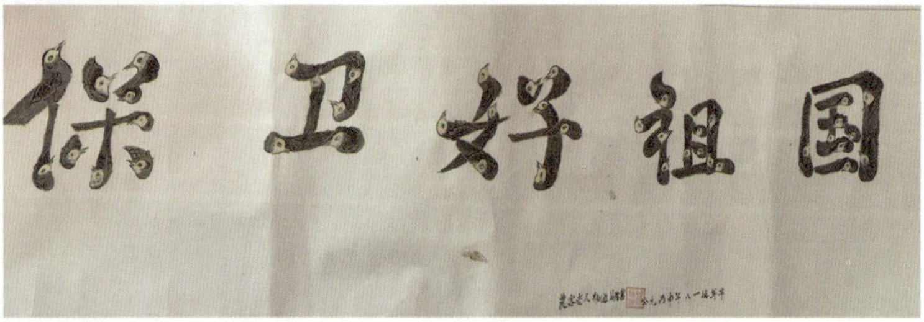


雀儿字作品(李敏敏　摄)

竹编(李敏敏　摄)

腰带(李敏敏　摄)

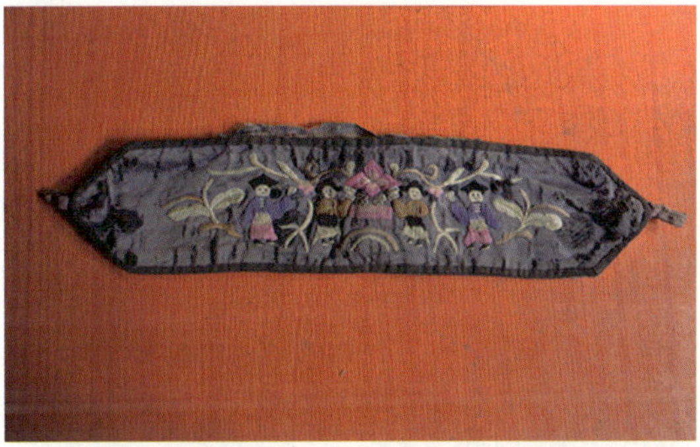

钱包(李敏敏　摄)

孩童帽(李敏敏　摄)

浦市中元节期间辰河高腔“目连救母”(泸溪县文化旅游广电局　供图)

浦市中元节古镇盛会(泸溪县文化旅游广电局　供图)

芭蕉坪“三月三”拦门酒礼（泸溪县文化旅游广电局　供图）

芭蕉坪“三月三”拦门酒礼（泸溪县文化旅游广电局　供图）

芭蕉坪"三月三"苗族鼓舞(泸溪县文化旅游广电局　供图)

芭蕉坪"三月三"狮子舞(泸溪县文化旅游广电局　供图)

梁家潭“六月六”团圆鼓舞(泸溪县文化旅游广电局　供图)

梁家潭“六月六”的群众表演(泸溪县文化旅游广电局　供图)

盘瓠祭的“打童子舞”(泸溪县文化旅游广电局　供图)

盘瓠祭的祭祀仪式
(泸溪县文化旅游
广电局　供图)

苗族跳香舞
(泸溪县文化旅游
广电局　供图)

浦市龙舟节观龙舟的人山人海场景（泸溪县文化旅游广电局　供图）

浦市龙舟节的新龙舟下水仪式——“跑火”（泸溪县文化旅游广电局　供图）

浦市中元节群众放河灯场景(泸溪县文化旅游广电局　供图)

潭溪“五龙节”(泸溪县文化旅游广电局　供图)

# 总　序

传统村落，又称古村落，是指村落形成较早，拥有丰富的传统资源，具有一定历史、文化、科技、艺术、社会、经济价值，应予以保护的村落。2012年4月，住房和城乡建设部、文化部、国家文物局、财政部联合发出开展传统村落调查的通知。经各省（区、市）相关部门组织专家调研与评审，全国汇总的数字显示，我国现存具有传统性质的村落近1.2万个。2012年9月，由建筑学、民俗学、规划学、艺术学、遗产学、人类学等领域专家组成的专家委员会，评审出中国传统村落名录。2012年12月17日，住房和城乡建设部、文化部、财政部等部门发通知公示第一批中国传统村落名录，全国共有28个省（区、市）646个传统村落入选。此后，又分别在2013年、2014年、2016年、2019年、2022年进行了中国传统村落的评选。截至2023年3月19日，一共公布了六批中国传统村落名录，共有8155个村落入选，并实施挂牌保护制度。2022年、2023年，住房和城乡建设部、财政部连续两年公示了传统村落集中连片保护利用示范县名单，我国在探索传统村落长效保护利用机制上迈出了新的步伐。

传统村落是现存村落中历史文化价值和农耕文明遗存最丰厚，村庄格局形态和民居传统特色风貌保存最真实和良好的典型代表。传统村落被誉为农耕文明的“活化石”，拥有丰富的历史信息和文化景观，也是传承中华优秀传统文化的宝贵“基因库”，维系着中华民族最浓郁的“乡愁”。保护好、传承好、利用好传统村落，对弘扬中华优秀传统文化有着重要意义。

住房和城乡建设部、文化和旅游部等六部门在2012—2023年公布的8155个传统村落，已经成为世界上规模最大、内容和价值最丰富、保护最完整的农耕文明遗产保护群。2017年乡村振兴战略提出后，传统村落保护成为促进脱贫攻坚的重要措施，是乡村振兴战略的重要组成部分。

党的十八大以来，以习近平同志为核心的党中央高度重视传统村落的保护工作。习近平总书记指出："农村是我国传统文明的发源地，乡土文化的根不能断，农村不能成为荒芜的农村、留守的农村、记忆中的故园。""乡村文明是中华民族文明史的主体，村庄是这种文明的载体，耕读文明是我们的软实力。"在如何发挥好传统村落在乡村振兴中的作用方面，习近平总书记指出："搞乡村振兴，不是说都大拆大建，而是要把这些别具风格的传统村落改造好。"可见，传统村落的传承保护对于弘扬中华优秀传统文化、建设生态文明、发展乡村旅游、实现乡村振兴，都具有重要意义。

湘西土家族苗族自治州（以下简称湘西州）位于湖南西北部，以其悠久的历史、深厚的人文底蕴和独具特色的民族文化著称于世，也是中国传统村落最集中的地区之一。该州的传统村落申报与保护工作一直走在全国前列，截至目前，六批次共有178个村被列入中国传统村落名录，2020年被评为全国传统村落集中连片保护利用示范州。

中南民族大学作为国家民委直属综合性民族大学，一直以来把服务民族地区作为学校的使命，特别是学校的民族学学科更是成为直接服务民族地区经济社会发展的排头兵。学校民族学学科自20世纪50年代开始建设，经过数代人的努力，已经发展为我国民族学学科的重镇，学科建设水平处于全国前列，在最近两次的教育部学科评估中均位列A类。长期以来，学校与湘西土家族苗族自治州保持着紧密的联系，开展了多方面的合作，成为校地合作的典范。

2019年，经与湘西土家族苗族自治州有关方面协商，中南民族大学民族学学科启动该州中国传统村落调查项目，计划对湘西州8县（市）的中国传统村落进行一次全方位、深入的民族学、人类学调查，旨在通过专业的田野调查，进行系统的记录，形成一套完整的湘西州中国传统村落民族志丛书，为中国民族学积累来自田野的第一手材料。以湘西州8县(市)为单位，总项目下设8个子课题，各子课题根据对应县市列入中国传统村落名录的情况，遴选出118个重点传统村落开展调查，占湘西州中国传统村落总数的66.3%。

本次调查，遵循民族学人类学、学科的田野调查规范进行。在调查开始前，即对田野调查总提纲进行了反复研究讨论，确定调查总提纲后，又对参与调查的人员做了集中培训。按照统一的调查提纲，各子课题调查组(主要以中南民族大学本科生、硕士研究生为主)，在指导教师的带领下于2019年暑假开始第一次田野调查。2020年暑假再次组织以硕士、博士研究生为主的调查。参与调查的师生来自中南民族大学绝大部分学院，包括民族学与社会学学院、经济学院、公共管理学院、教育学院、法学院、文传学院等，以及参与了第一次调查的管理学院、马克思主义学院、外语学院、美术学院、体育学院、资源与环境学院、生命科学学院、药学院、化学与材料科学学院。两次调查耗时两个月以上，参与人员达100多人，访谈对象上千人，获取的第一手材料上千万字。此次对湘西州中国传统村落的调查，堪称中南民族大学学科史上调查规模最大、参与人员最多、持续时间最长、调查对象最广泛的一次民族学、人类学大调查。

以第二次调查成果为主要依据，课题组编写了“中国传统村落调查”丛书第一辑八卷，分别为：《中国传统村落调查·湖南吉首卷》《中国传统村落调查·湖南凤凰卷》《中国传统村落调查·湖南龙山卷》《中国传统村落调查·湖南永顺卷》《中国传统村落调查·湖南花垣卷》《中国传统村落调查·湖南保靖卷》《中国传统村落调查·湖南古丈卷》《中国传统村落调查·湖南泸溪卷》。丛书各卷原则上以村分章，按照村落概况、文化遗产、自然资源、历史事件、村规民约等分类梳理，内容涵盖传统村落的地理生态环境、村落来源与历史、村落人口、物产与特色产业、经济社会发展状况、物质文化遗产、非物质文化遗产、自然资源与景观、重要历史事件与人物、村规民约等。丛书的编写，力求在铸牢中华民族共同体意识理论的指导下，将中华文化及各民族交往交流交融的视角融入写作过程中，系统、完整、全面、客观地呈现各传统村落的全貌，既重点梳理其历史人文脉络，又注重关照其当代发展与变迁。在写作方式上，按照民族学、人类学民族志的撰写方法进行，除文字外，各卷均配有大量田野实景图片，使文本更加生动直观，且更富有保存价值。

丛书由中南民族大学段超教授、田敏教授担任总主编，各卷分别由中南民族大学民族学学科多位博士生导师担任分主编，他们是：经济学院陈祖海教授（吉首卷）、中华民族共同体学院李吉和教授（凤凰卷）、民族学与社会学学院田敏教授（龙山卷）、教育学院康翠萍教授（永顺卷）、民族学与社会学学院柏贵喜教授（花垣卷）、法学院潘红祥教授（保靖卷）、中南民族大学副校长段超教授（古丈卷）、公共管理学院吴开松教授（泸溪卷）。各卷还根据工作情况另设有副主编。

本课题的调查工作自2019年暑假启动至今，历时4年多，其中一段时间受疫情影响，遇到许多现实的困难，历经反复，今天终于基本完成，丛书即将正式出版，可喜可贺。要感谢湘西土家族苗族自治州各有关方面的大力支持，是他们的帮助，使得本课题调研工作得以顺利开展。特别要感谢湘西州8县（市）和乡镇相关领导干部，他们对课题具体的调查工作给予了大力协助，使调查人员能够顺利进入村寨开展调查，收集资料。更要感谢各传统村落的干部群众，他们的热情好客、纯朴善良，给调查人员留下了深刻印象，大家心存感激。值此丛书出版之际，向以上所有领导、干部、群众对本课题的支持与帮助表示衷心的感谢！

丛书的出版，得到了湖北人民出版社马骏副社长、综合编辑部徐艳主任和编辑们的大力支持与帮助，出版社为丛书申请到湖北省公益学术著作出版专项资金的资助，为丛书的出版锦上添花。编辑团队来到中南民族大学，与各位主编和作者进行面对面的研讨交流，指导书稿的修改完善，确保了书稿的质量，感谢你们。

新时代新征程，以铸牢中华民族共同体意识为民族工作的主线，民族地区乡村振兴正如火如荼地开展。我们希望丛书的出版能为进一步传承和保护中国传统村落历史文化遗产，赓续地域特色鲜明的人文底蕴，为进一步铸牢中华民族共同体意识，加快推进乡村振兴发挥积极的作用，做出应有的贡献。

编　者

2023年6月19日

# 目录

# 第一章　岩门村

岩门村也称岩门古堡寨，隶属达岚镇达岚坪社区三组，是由单独自然寨形成的堡寨村落。进入村寨，映入眼帘的是刻有“岩门留胜迹厚重人文书一部，古堡沐春晖神奇山水画十帧”字迹的石壁，由此可见岩门古堡寨的独特魅力。岩门古堡寨是以军事防御功能为主，同时也糅合了居住功能的独特传统聚落形式，它见证着聚落形态的历史变迁，记录着文化的传承与发展，丰富着传统村落的种类形式和文化意蕴，是中国传统村落谱系的重要组成部分。2013年8月，岩门村被列入第二批中国传统村落名录；2019年，岩门村被国家民委命名为第三批中国少数民族特色村寨。

# 一、村落概况

## （一）地理生态环境

岩门村位于泸溪县东北部，为云贵高原（北）东部边缘地带，属亚热带季风气候。总体地势为西部高、东部低，海拔标准高度为210～220米，地貌形态上除有中低山脉以外，还有山间盆地和丘陵谷地。岩门村依托周围的自然山势和河流天险，居于群山之中的平坦之地，藏而不露，结构精巧，具有丰富多样的空间形态和聚落景观。岩门溪自东北向西南绕村流去，源源不断，生生不息，滋养出了古村落的钟灵毓秀，延续着古寨的文化血脉。村落聚集在依山傍水之地，体现了传统的“天人合一”哲学思想和“枕山、环水、面屏”的古代风水理论。

## （二）村落来源

岩门巷道（岩门村工作人员　供图）

关于岩门村的由来，至今村里还流传有康氏先祖移居岩门的历史传说。根据传说，明洪武元年（1368年），岩门村康氏从江西省万安县迁至湖南省辰溪县大湾锅子潭，后又迁至泸溪县浦市镇康家垄。明洪武三十一年（1398年），康氏五兄弟分家，长子康廉便带着父母离开了康家垄。为了能够找到一块安家宝地，康廉乘舟从浦市沅江边的小溪沿溪直上，遍访附近的风水宝地。当他到了一个被称为“仙子冲”的地方时，只见两岸崇山峻岭，古树参天，猿啼鸟鸣，一缕炊烟袅袅升起，与山间的云雾相互融合，眼前所见让康廉沉醉不已。于是康廉弃舟登岸，直奔“仙境”。“仙子冲”入口处只住着一位地理先生。康廉问地理先生从何处来，为何这里只住着一户人家。地理先生悠闲地回答道：“我踩着赤虹而来，这里泉水奔泻，两岸猿啼，是一块难得的灵气宝地，于是我就在这里住下了。我知道你也在遍访风水宝地，你只需继续沿着‘仙子冲’地形走，就会找到你想找的地方。”于是康廉辞别地理先生继续沿着“仙子冲”地形走。在山坡上康廉看到一个茅草棚，有两个孩童在对弈。他便走上前去问孩童：“你们的家住哪里呀？”孩童答道：“这儿就是我们的家。”康廉又问：“那你们的父母亲呢？”孩童答：“我们没有父母亲，我们只有师傅，师傅住在天上。”孩童们问康廉：“先生从哪里来？要到哪里去？”康廉回答：“我乘舟而来，要到风水宝地去。”孩童们欢快地回答：“那先生就找对了！这里就是风水宝地，我们是仙童，负责护佑此地平安。我们所在的是龙形地，震慑着七怪，你既然来了，就在这儿住下吧！”随后小仙童便从龙口的獠牙缝里抠出了“岩门”二字，从此，此地由“仙子冲”改名为“岩门”。后来康廉带着父母，在这里繁衍生息，康廉也就成了岩门村康氏的落担始祖。

除去康氏先祖移居岩门的历史传说外，也有岩门村是明初由朝廷所创用作军事要塞的说法。

## （三）村落人口

岩门村是典型的苗族、土家族、汉族混居村，其中苗族人口占比达70%。截至2020年调研期间，岩门村有62户人家，人口有620多人，除了外嫁过来的媳妇和上门女婿外，其余人都姓康。岩门村70岁以上的老人达60多人，因此，岩门村还是附近有名的长寿村。

## （四）物产与特色产业

岩门村的经济结构多样化，青壮年劳动力外出务工，留在村子里的人则发展旅游业以及特色种植养殖业等。岩门村主要的特色产业是烟叶和油茶种植。该村通过合作社的形式引导农民种植烟叶200余亩、油茶300余亩，其中烟叶平均每亩产值达3487.9元，平均单价为26.79元/斤，烟农该项户均收入达18018.5元，烟叶真正成了烟农眼中的“黄金叶”。与此同时，岩门村还抓住县里发展沟域经济的契机，按照“谁栽植、谁管理、谁受益”的原则，组织村民种植板栗、核桃、银杏、优质雪梨、樱桃等经济作物，发展集观光、旅游、采摘为一体的沟域经济。①

## （五）经济社会发展状况

在乡村振兴的背景下，岩门村依托得天独厚的自然资源和古堡的历史文化底蕴，突出乡村文化内核，大力推动农文旅产业融合，实现了破茧成蝶的美丽蜕变。村民的收入不断增长，生活条件也得到大幅度改善，人们有了满满的幸福感。

岩门古堡寨景区（李敏敏　摄）

从产业扶贫到产业兴旺再到振兴乡村，岩门村以精准扶贫为契机，秉承“生态、民俗、特色”理念，以生态资源为优势，以保护传承为重点，以古树名木、特色民居、风俗习惯等人文景观为基础，发展农村文旅产业。现如今，岩门村通过发展生态种植、旅游、休闲娱乐于一体的农家

①经济数据由岩门村工作人员提供。

乐项目，不断优化产业结构，实现了农业发展与旅游业发展相结合，促进了多种产业健康发展，为实现持续增收目标提供了坚实保障。

岩门村本身是一个富有历史文化底蕴的村寨，在漫长的时光中，岩门文化历久弥新。舞龙舞狮、过六月年、祭土地神等传统风俗，康家大院、康家古院、仁孝桥等历史建筑，岩门祖祖辈辈传承下来的忠孝文化，它们都是岩门村的文化瑰宝。这些文化瑰宝的背后隐藏着一个又一个温暖的故事，它们在潜移默化中影响着岩门子孙后辈的行为，并将这种影响传递给一代又一代。

岩门村重视教育，不让孩子们输在起跑线上。全村适龄儿童入学率达到100%，16周岁学生初等教育完成率达99%，18周岁学生初级中等教育完成率为96%，青年非文盲率为100%，各项指标均达到“两基”标准要求。

夯实基础设施保障，完善公共服务水平。据统计，岩门村路面硬化率达100%，每家每户都安装了自来水和有线电视。村里设有文化广场、村广播以及简单的健身器材。“厕所革命”已实现全覆盖，消防系统也全部落实，村里还有专门的焚烧炉处理生活垃圾。此外，村里还设置了一站式便利服务点，建立了集文化体育、卫生计生、人力资源、社会保障等于一体的多功能综合服务平台。村民足不出村就能办理相关业务，这样既提高了办事效率，也使得党群关系更加和谐融洽。

不断完善乡村治理，推进乡村治理体系和治理能力现代化。在具体举措上，一是建立村级服务微信群。每户至少要有一人入群，方便及时获取相关政策信息。二是推行村级工作“月例会”制度，每月月底在村室召开月度例会，驻村负责人、驻村干部、村五大主干、村支“两委”委员、各村民小组组长参加会议。三是由村民小组制定村规民约，全村人员必须遵照执行，如果有违反者，将按照相关条例进行惩处。四是利用村民对“堂屋文化”的认同，村里通过召开村民大会以及宗族议事的方式商议大小事务，既保证人人参与、公平公正，又使得执行人的行为受到村民监督。以往的宗族议事以及村民大会都是在康家大院进行，近年来人口增多，因此改在村里文化广场进行。

全国各民族像石榴籽一样紧紧抱在一起。为铸牢中华民族共同体意识，岩门村采取了一系列措施。第一，弘扬民族文化，加强民族团结。利用广播电视、集体活动和各种比赛来加强各民族群众之间的沟通和联系，增进民族之间的凝聚力和认同感，为进一步深入开展好民族团结进步工作奠定了扎实的基础。第二，发展民族教育，提高民族素质。在对民族干部的教育方面，以理论政策学习为重点，组织深入学习《民族区域自治法》和《宗教事务条例》，做到政策理论一起学，治村之道一起讲，工作方法一块教，切实提高干部们解决实际问题的能力。在对广大民族群众的教育方面，以思想道德建设为重点，介绍少数民族的历史传统、风俗习惯，普及党的各项惠民政策。通过响应“文明户”“五好家庭”等群众性评比活动号召，提倡健康文明科学的生活方式，引导村民把思想观念统一到民族团结、经济发展上来，在一心一意谋发展中实现民族团结，树立文明新风尚。在对青少年的教育方面，高度重视民族教育事业发展，积极配合有关部门，对少数民族青少年教育给予支持。第三，积极培育少数民族村干部和技术人才。通过人才引进等相关政策的支持，联合人事、农业等相关部门，大力培养少数民族干部和各类技术人才。教育和培训使村民的思想观念得到更新，民族团结思想意识不断增强，造就了一批讲道德、有文化、懂技术、会经营、能致富的技术骨干。

## 二、文化遗产

### （一）物质文化遗产

#### 1. 岩门古堡寨

岩门村兴建于明代洪武年间，初创用作军事堡寨，历史悠久，距今已有600多年。与普通村寨聚落相比，岩门古堡寨具有极其鲜明的军事特色。除了在选址时巧妙地依托复杂山势和蜿蜒水体形成天然防御屏障，在聚落外围、街巷空间以及建筑结构布局等方面也进行了层层设防，使聚落形成由外至内的防御结构体系。岩门村由壕沟、红砂石墙体和三寨门组成，形成外围依托自然河流，内部人工壕沟、围墙相结合的防御工事。寨内巷道密布呈网状，户户贯通，建筑连体修在围墙之上，使岩门村形成了易守难攻的优势，因此岩门村在军事上有着独特的历史地位。明朝时期，朝廷在当地部署军防体系，设置镇溪千户所及五寨十八营哨的屯兵垦田聚落，并派遣移民军户在此驻扎，形成了明王朝在湘西地区的包抄控制局面。岩门村的祖辈就是在这一体系下自江西随军驻扎于此，之后在岩门村落地生根。

岩门村地处沅水重镇浦市，连通西南要道，而浦市又是连接沅、泸、辰、麻、凤等地的中心地带。上通永、靖各州，西通黔蜀，东连辰常，西北连凤凰、乾、古、花垣等地，水陆均处多条道路会合地带。再加上此地田地宽阔，商业繁荣，是钱财和粮食的积聚之所，因而成为兵家必争之地。为保护浦市这一战略要地，历代均在此设有军事组织，驻兵设防。宋元时设千户所，置“总把”一员、“弹压”十员、禁兵四十人。明初仍有浦市千户所，隶属辰州卫，设正千户一人、副千户两人、镇抚二人、吏目一人，下辖百户十人。边防紧急时兵员较多，太平时兵员较少。清康熙时，经兵部议定将岩门改为左旗中营后军守备。剿匪斗争时期，中国人民解放军依托岩门村易守难攻的独特地势，在此驻军设防，并在古建筑上留下一些剿匪的标语。寨内巷道密布呈网状，首尾相顾，有多个窗眼、哨卡、枪口，内里四通八达。主路直达山顶战壕，一旦有战事，可以及时全面投入战斗，在剿匪反霸斗争中发挥了重要作用。岩门古堡寨将田园民居和军事遗存完美地结合在一起，彰显出“苗疆”边墙军事堡垒的重要考古价值。岩门村是湖南省“古堡文化”的典型代表。

### 2. 康家大院

康家大院又称仁孝大院，距今已有几百年的历史，始建于明崇祯元年（1628年），坐南朝北，建筑面积达2000多平方米，格局保存基本完好。相

康家大院东西侧(岩门村工作人员　供图)

康家大院西南侧(岩门村工作人员　供图)

传在明末清初年间,康廉与弟弟康源、康政共同建造了康家大院的一号和二号大院。后又有康廉、康源、康政之子康志仁、康志义、康志信三兄弟续建三号、四号、五号、六号四栋大院。至此,康家大院的规模结构形成。经过世代更迭,康家大院虽褪去了往昔的色彩,但依旧保存着几百年传承下来的文化烙印。康氏辈分已轮转二十七代,现住在康家大院的71岁老人康启文是康氏的第二十七代孙。

康家大院为硬山顶风火山墙砖木穿斗式结构,以马头形式风火山墙为核心,设置小青瓦屋面,中间为柱网,四周是青砖墙,分上下两层。一层堂屋用于举办公共活动、储存粮食和居住。堂屋上为隔板吊顶,隔板上储物。大院位于岩门村的核心区域,是院中套院、门套门的建筑结构,分为南屋和北屋,并有走廊相贯通,体现了当地建筑艺术的特色。

南屋是内院,建筑面阔三间,进深七间,院门朝南,额匾墨书“文星焕彩”,两个内天井,前廊东墙上有县太爷赐书三米见方的“福”字,两边配对联“业绍珪桐世家鼎盛,荣跃秋菊华构仑新”。前廊为两步架出挑檐,堂屋前、后檐为四步架出挑檐,堂屋额枋上悬挂匾额“寿考维祺”,建筑梁枋、柱子、举架用材讲究,显要部位应用浮雕、透雕、刻画等技法雕刻有花纹,内容为鸟兽、花卉、人物故事,展现了“孝为先,礼为重”的道德传统。前廊两边装有隔扇门和隔扇窗,左右次间两侧有板梯上下,二层三面有走廊,周围安万字纹栏杆围护,寓意延年益寿、万寿无疆。

北屋共有两进,第一进面阔三间,进深四间,院正门额匾墨书“瑞福金门”,朝门朝东,额匾墨书“明德作新”,前檐四步架,后檐三步架,中间连廊为三步架,天井处装板梯上下,二层走廊安万字纹栏杆围护。第二进面阔三间,进深六间,中间为正门上书额匾,前廊二步架,堂屋前檐四步架出挑檐,有雕花斜撑,后檐四步架,前廊两边装有隔扇窗。康家大院柱础形状不一,部分有纹饰雕刻,走廊地面铺红砂石板,堂屋为三合土地面,次间住房用木板壁隔断,地面架空做地板以通风防潮。天沟以落水管排水至天井,天井为红砂石铺砌,装铜钱形地漏,雨水通过暗沟排入前檐的明沟。山墙和后檐屋面通过檐墙做成单个排水孔自然排水,外墙排水孔做腰檐,这是这个地区的特色做法。

基柱(李敏敏　摄)

铜钱嵌入大宅基石(李敏敏　摄)

历史上,康家大院也历经了几次劫难。1946年,岩门村一户地主家的长工由于工作失误引发火灾,村东面约三十间砖房和木房被不同程度烧毁。20世纪50年代,因剿匪斗争一些建筑也受到不同程度的损害。

### 3. 道场大院

道场大院连着康家大院,为硬山顶风火山墙砖木穿斗式结构,小青瓦屋面，中间设柱网，立面四周为青砖墙和土砖墙，分上下两层。一楼设神龛与公共活动区，二楼隔板用于储物。历史上岩门村发生过火灾，对道场大院造成了较大的破坏，因此后期道场大院的建筑布局改动较大，现在二楼楼板被全部拆除，厅堂上为隔板吊顶。

康家大院（李敏敏　摄）

道场大院建筑面阔四间，进深七间，大门朝东南，上面做透空的两挑雨篷，额匾墨书“瑞福金门”，两个内天井，前廊进入，堂屋前檐四步架出挑檐，后檐五步架出挑檐，前廊两边装有隔扇窗。在堂屋角落，摆放着祈祷平安的用具。

仁孝桥碑（李敏敏　摄）

### 4. 仁孝桥

仁孝桥，也称康家桥。关于仁孝桥有许多历史传说，其中一种在当地流传甚广。仁孝桥前身是一座简陋的跳岩桥，每走两三步就需要跳跃，一碰到下暴雨，桥就会被淹没，人们便无法出行。

相传在明万历年间，在岩门古堡曾住着一个军户叫康祖文，有一夜他的父亲突发疾病，需要过溪求药，但是这一天正逢暴雨，桥面快被淹没，乡亲们都劝他不要过溪。可是父亲病情危急，若无药则性命难保。于是康祖文便不顾乡亲们的劝说，趁溪水还没有没过胸口的时候强行过溪。然后又冒着大雨走了二十余里山路，到浦市买药。给父亲治病的药买到了，但是回程时溪水早已大涨，康祖文无法渡溪。等到溪水退去，康祖文回到家中时，他的父亲已经去世。而后，康祖文逢人就说："人人皆有父母，而年年都要下暴雨，如果下次你们的父母妻儿病重需要就医，而又无法渡溪，就会像我一样遗憾。为何我们不一起修一座木桥，来造福村里的所有老百姓呢？"乡亲们被康祖文的孝心所感动，共同出手修了 座桥。后人感念康祖文的一片孝心，便将这座桥命名为"仁孝桥"。

### 5. 私塾学堂

私塾学堂作为中国古代教育机构，是传播知识文化的重要场所之一。岩门村自古以来就尊崇教育并代代相传。除了谨记先祖的家规家训，岩门村人还通过修建私塾学堂，聘请专门的私塾先生来传播文化，为岩门村营造尊师重教、谦卑好学的淳朴村风。

岩门村的私塾学堂设置在树林旁，这里是远离喧嚣的幽静之地。私塾学堂建筑功能较简单，一楼是私塾先生的生活用房，二楼是教书的七间教室。私塾学堂的建筑框架和岩门村内民居建筑框架相似，内部均为二层木结构，外部为以砖石砌筑的墙体，外墙上仅开有少量小窗洞，因此需在教室内侧面设置大量门窗以采光。在这里讲学的私塾先生其生活来源和其他学堂的先生大不相

私塾学堂算盘(李敏敏　摄)

同，其他学堂是由家境相对富裕的学生提供粮食给私塾先生，而这里是每季度直接从粮仓拨付粮食给先生，这样既体现了教育的公平，也减轻了学生的经济负担，用现在的话来讲，岩门村的教书先生是最早拥有“编制”的老师。相传在明朝末年，岳麓书院最后一任山长吴道行曾路过此地，留下了“敦义厚礼，仁孝正心”的古训，直至今日，吴道行先生的八字古训仍在岩门村流传。

### 6. 绣花楼

绣花楼始建于明末，占地面积约为350平方米。该楼坐西南朝西北，为木结构的楼阁，上下4层，高约8.8米。绣花楼是大家闺秀出嫁之前生活的主要场所，她们在绣花楼中穿针引线，夏听蛙鸣、秋闻桂香，在闺阁中感受世界的变化，感知春夏秋冬。在古代，人们穿的衣裳都是绣女们一针一线缝起来的，衣裳上的图案精美多样。然而，在剿匪斗争中，绣花楼的作品被土匪洗劫一空，整个绣花楼也被大火烧掉，现如今只剩下部分遗址。

孩童帽（李敏敏　摄）

别在腰带上的钱包（李敏敏　摄）

在康家大院，笔者有幸看到了明清时期康氏孩童戴的帽子、腰带和别在腰带上的钱包。绣品上的图案都是一针一线纯手工绣出来的，图案非常精致，针线缝合也恰到好处。如今，村里很少有人自己缝制衣服，大多是去市场购买。绣花楼经过野蛮洗劫，虽已失去完整的风貌，但它独特的建筑风格和文化内涵，具有重要的艺术价值和历史价值，它犹如一位饱经风霜的老人，告诉了我们许多过去的故事。

腰带（李敏敏　摄）

### 7. 战壕遗址

在湘西剿匪斗争时期，解放军进驻岩门村。在围剿土匪的过程中，解放军依托岩门村的地势优势，在村西北的山顶处挖战壕以对抗匪霸，还修建了战时指挥部。战壕可以抵挡子弹和炮弹的攻击，为解放军围剿匪霸构筑了牢固的防线。战时指挥部在剿匪过程中也发挥了重要作用，剿匪斗争结束后，战时指挥部遗址被村里的人称作“乡村大舞台”，一些大型的文艺会演活动都会在此举办，吸引不少村民观看。随着农村经济的发展，村民的生活水平不断提高，公共基础设施不断完善，“乡村大舞台”也被移至村里的文化广场。现如今，战时指挥部遗址变成了消防蓄水池。

## （二）非物质文化遗产

### 1. 孝文化

老人的“老”字上半部分和子女的“子”字合在一起就变成了“孝”字。以孝正品行，孝文化在岩门村展现得淋漓尽致。

岩门村是一个有着600多年历史的古老村寨，在全村620多人中，70岁以上的老人有60余人，是附近村寨中长寿老人最多的村子。岩门村有个规矩，老人只有到70岁以后才做寿，因为“七十古来稀”。岩门村人之所以长寿，除了自然环境和生活习惯等因素外，更重要的是这里有传承了几百年的父慈子孝、兄友弟恭的孝文化愉悦老人的心情。在岩门村，随处

康家大院堂屋外侧(其一)(李敏敏　摄)

康家大院堂屋外侧(其二)(李敏敏　摄)

可见在溪边大树下纳凉、下棋、讲历史的老人,他们过着悠闲自在的晚年生活。虽然后辈们和老一辈的价值观不太一样,但大家仍其乐融融,孝文化滋养了这方水土,也沁润了每一个寻常百姓家的平常日子,让老人们生活得更加幸福安康。

在康家大院堂屋外侧的墙上悬挂着祖训族规,这是康氏家族代代传承下来的,原本是刻在墙上,但因年代久远,许多字迹已经模糊,康氏家族便把祖训族规重新刻匾挂在墙上。康氏家训八条的第一条是孝训:子当孝,孝无圣凡性相同,大舜耕田杨侧陋,王祥卧冰感天公。敬父母,敬祖宗,家道自兴隆。家规十二则的第一则是忠君孝亲:人伦有五,忠孝为先。在朝事君,心膂股肱。文经武纬,功业烂然。在家事亲,竭力勉能。倘有忤逆,从加笞鞭。精忠纯孝,感动地天。正是因为先祖对孝道格外重视,所以岩门村的孝文化一直传承至今。康家大院内还悬挂着一块牌匾,牌匾上写着“寿考维祺”四字。相传这是在道光年间,一位康氏族人八十大寿时地方官员赠送给他的。“寿考维祺”既是对老人的美好祝福,也是对康氏家族孝悌家风的褒奖,现在这块牌匾已成为岩门村康氏家族孝道家风的历史见证。

“言百善，孝为先；昔先祖，康志仁；闻母疾，辞官回；古稀年，路蹒跚；母过溪，子背起；子孙孝，美名扬。”这首歌谣说的是康志仁背母过溪的故事，岩门村人自出生起就开始听诵的歌谣，是康氏家族孝文化的又一见证。相传在清朝乾隆时期，康氏先祖中有个叫康志仁的人中举后在县衙为官。他廉明公正，对百姓尽心尽力，是个难得的好官，因此深受百姓们的爱戴。后来康志仁的母亲双目失明无人照料，于是便辞官回乡，专门在家侍奉老母亲，四十年如一日端茶送饭、嘘寒问暖。康志仁的母亲喜欢回娘家，回娘家必须要过溪，当年溪上并没有桥，只有在每隔两三步的地方立块岩石垫脚，当地人称作“跳岩桥”。康志仁母亲每次回娘家都是由他背着去，康志仁怕过“跳岩桥”时颠着老母亲，无论春夏秋冬都直接涉水而过。乡亲们感念康志仁对母亲的孝心，背母过溪的故事便在村里传为佳话。后来康志仁的孝心也感动了两个在外为官的弟弟，于是弟弟们修建了一座桥和码头，既是尽自己的一份孝心，也是造福村里的乡亲父老。老二康志义自筹资金修建了一座长木桥，老三康志信在桥附近修建了一个码头，村里的人可以在那里洗衣洗菜，小孩可以在那里游泳。经过后辈子孙的翻修，码头和桥依然造福着岩门村的一代又一代。

对于不肖子孙，康氏家族也有专门的惩处方式，在康氏家规第一条中就有“倘有忤逆，从加笞鞭”的条款。在岩门村流传着一个故事，相传在清朝康熙年间，有个叫康生其的人，他从小娇生惯养，十岁时还要母亲喂饭。康生其长大后性情暴躁，随心所欲，整天游手好闲，无所事事。心情不顺时就对母亲打骂不断，棍棒相向。族人对他实在是忍无可忍，便将康生其押往宗族祠堂内一顿鞭打并赶出村寨，他的母亲则由族人轮流侍奉供养直至去世。康生其的母亲去世后，流离失所的康生其回到家乡悲痛不已。族人心生怜悯，在村子外面建了一间房子给他居住，并让他反省自己的不孝行为。康生其对自己的不孝劣性有所醒悟，他无颜面对乡亲父老，于是就在这座简陋的小屋内每日诵经念佛，既自我忏悔，又为去世的母亲祈福。康生其六十岁时在这间房子里去世了，他去世后，村里人按照他的遗愿将其埋葬在这里。因为康生其没有后代，所以这座房子被康氏后人称作“和尚园”,以警示后代要孝敬父母。

### 2. 封忌、开忌

岩门村至今都有封忌、开忌、举办“龙蛇大会”、唱辰河高腔的习俗,为的是祭奠先祖、缅怀忠烈,祈求他们保佑岩门村风调雨顺、五谷丰登、六畜兴旺。“封忌”从小暑节气前的辰日开始,连续十三天,封祭期间所有的村民不能吃荤,不能伤害生灵,不能吃带红色的蔬菜等,以示敬畏。封忌之后就是“开忌”,岩门村村民聚集在一起,在白帝天王庙举行“开忌”活动。燃放礼炮,打开庙门,宰杀生猪之后将其摆上祭台祭拜,祈祷村寨风调雨顺,五谷丰登,百姓安康。活动完毕后人们便开始分猪肉,全村有多少户人家就把猪肉分成多少份,然后按照抓阄结果进行分配。但是猪身上的里脊肉不在分配范围内,因为根据当地风俗习惯,里脊肉是猪肉中最嫩的部分,所以要送给村里年龄最大的老人。这个风俗习惯在岩门村一直延续至今,它不仅代表着对老人的尊重和敬爱,而且还默默传承着岩门村的孝行之风。分完猪肉后,村民们自行手提爆竹、香纸、糍粑等物品进庙堂祭拜,祈求平安。村里还会邀请县里的戏团唱辰河高腔戏《目连救母》曲目,勉励后辈向善行孝。

### 3. 祭“土地神”

当地人都非常重视“土地神”文化,岩门村也不例外。唱“土地神”是岩门村的特色习俗之一,每到大年初一,几个戴着木制面具的村民敲锣打鼓,走街串巷,向每家每户送福气、报平安。听到敲锣打鼓声后,全家人都需停止手上的活儿,在自家的堂屋内进香烧纸,虔诚祭拜祖先,祈祷新的一年平平安安健健康康。祭拜仪式结束后还要给扮演“土地神”的村民送上新年祝福,馈赠糍粑或钱财表示感谢。

### 4. 送春

除了拜“土地神”祈祷平安健康,岩门村还有一个习俗——送春。送春一般在春节后进行,农民们提着篮子挨家挨户地敲门,篮子里装着牛角和日历,牛角象征着农民们在田间辛勤劳作,日历则代表着农民们从播种、施肥、除草到收获，在不同的节气所做的不同的事。送春人按照顺序依次敲门，敲到哪一家，哪家的人就需要开门迎接，并在家门口贴一副春联，插上一炷香，给送春人送上糍粑表示感谢，寓意今年自家庄稼收成好，五谷丰登。

### 5. 唱山歌

唱山歌曾在岩门村极其盛行。岩门村的山歌分为两种，一种是室外山歌，另一种是室内山歌。室外山歌主要是在高山或田野上唱，特别是在春天播种时，农民们会根据当时的情景即兴唱山歌，歌声悠扬，在田地另一边耕种的农民听到山歌后也会即兴创作山歌作为回应。男子唱的山歌被称为“郎歌”，女子唱的山歌被称为“娇歌”。室内山歌曲调轻柔缓和，多半由女子轻轻吟唱，唱歌的女子被称为“仙娘”。随着时代的变迁和经济的不断发展，岩门村的青壮劳动力都选择外出务工，村里耕作的人减少，唱山歌这一现象在岩门村现已不多见。

### 6. 舞龙舞狮

舞龙舞狮在岩门村有着悠久的历史，而且非常讲究。每到大年三十，舞龙舞狮便成为岩门村的重头戏。在舞龙舞狮表演开始之前，参与人员需要上香祭“三神”，以驱散瘟疫和灾害，寓意新的一年风调雨顺平平安安。

舞龙舞狮表演到哪户门口，哪家户主必须用竹子挑起红布挂在门前，并燃放鞭炮，以示迎接。舞龙舞狮一般在户主家门口舞一圈，有的龙灯还会舞进户主家的堂屋内绕一圈，狮头向户主堂上的祖先点三下，表示向该户的“历代祖先”拜年，而后龙尾向外退出，接着到下一家表演。龙和狮子体型威武，因此百姓希望用龙狮驱魔赶邪，于是从大年三十晚上到春节结束前，舞龙舞狮表演每天都会在村里上演。

除了上述习俗之外，岩门村每到农历五月初五端午节，还会举办大型的赛龙舟比赛。每家每户会派出年轻力壮的人组成龙舟队伍进行比赛，岩门龙舟比赛和其他地方的龙舟比赛不同，它们是赛龙舟横渡比赛，因而比赛更加激烈精彩,每年都会吸引不少人前来观看。但由于近几年村内年轻劳动力都外出务工,参赛人员不足,赛龙舟也就取消了。

(本章由吴开松、郭倩撰写)

# 第二章　椰木溪村

椰木溪村位于泸溪县东北部的洗溪镇，距镇政府18公里，距县城33公里。椰木溪村沿河呈带状分布，由东北向西南延伸，中间溪流环绕，两侧椰木丛生，周围青山逶迤。村落自然环境优美宜人，历史文化独具特色，传统民居整体保存完整，是一个典型的苗族聚居村寨。椰木溪村是湘西历史文化、地质地貌、人文景观和历史风情的代表，具有较高的历史、文化、社会价值。2016年12月，椰木溪村被列入第四批中国传统村落名录。

# 一、村落概况

## （一）地理生态环境

榔木溪村地形以山地为主，平均海拔为628米，自然条件优越，植物资源丰富，系亚热带季风湿润气候，但又具有明显的大陆性气候特征。村落的自然景观主要包括山林、田园、溪流等，各类自然景观于村内顺山势展开，村落总体上形成了山水环绕的自然景观格局。

## （二）村落来源

榔木溪村历史悠久，据史料记载，村落形成于明代，村民大多由江西迁入。但榔木溪这个名字在口口相传中被赋予了历史的神秘感。据说第一批来到这里的人，是从上游沿河而来，他们顺着河流下行，发现这里地势稍缓，土地肥沃，气候宜人，就赶着水牛下来放牧，当人们准备回到山上的时候，水牛不愿意回去，于是，村民随水牛迁入此地，以种植水稻谋生。这里榔木树众多，溪水两岸榔木成林，村民的劳动工具、柴火等大都取于榔木。传说很久以前有一棵在溪边生长的榔木树比较特别，枝繁叶茂，高耸入云，是村民们夏天纳凉的好去处。榔木树的枝条延伸到了对岸，还没建桥的时候，人们就依靠榔木树的枝干过河，保障通行便利。生活所需的榔木与赖以生存的溪水，构成了榔木溪村的村名，体现了村民对于自然的一种感恩情怀。尊重自然、与自然和谐相处成了榔木溪村世代相传的村规民约。

榔木溪村村民主要由邓、苏、石、张、王等几个姓氏组成，其中邓姓村民是从江西南昌经过泸溪老城，辗转到了邓家岭，其中一部分人来到榔木溪村八方寨定居下来。至于苏氏，据苏氏族谱记载，该村始祖名为苏大凯，是明初总兵，于明洪武元年（1368年）从江西省吉安府吉水县南门巷口东关大栗树，偕子苏明来到湖南省辰州府泸溪，后人便定居于泸溪县北三十里的榔木溪，居三百年，历经九代。明末清初，由于人丁兴旺，地理条件有限，苏氏子孙部分迁出榔木溪，移居他处，为了今后便于子孙后代相认，便留下识别标记暗语，暗语为："榔木五棵，石阶三界。"十世祖文科公、文选公于清康熙四十四年（1705年）复迁于澧州府石门县西门六十里之庵同溶（又名裘家湾）居住至今，已有三百年，历十三代。苏氏族人六百多年来世代生活在这里，祖祖辈辈勤劳朴实，开荒垦田，男耕女织。

苏氏族谱（刘璐　摄）

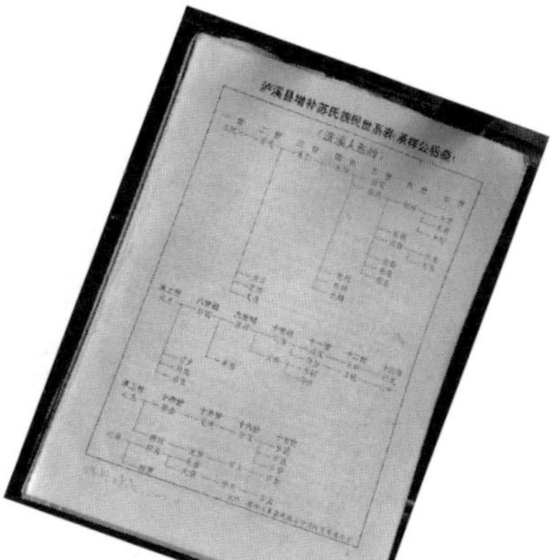

苏氏族谱内页（刘璐　摄）

## （三）村落人口

榔木溪村面积约为9.6平方公里，下辖7个寨：八方寨、榔木溪寨、大烟坨寨、小烟坨寨（易地搬迁出村了）、坪里寨、印家寨、黄家寨。截至2020年调研期间，榔木溪村共有341户1219人，其中，少数民族有1140人，占全村人口的95%；在少数民族当中，土家族约占40%，苗族约占60%，村落里日常使用较多的是湘西地区方言和苗语。

## （四）物产与特色产业

全村以烟叶种植、生猪养殖、湘西黄牛养殖等特色产业为主。2020年全村种植烟叶200余亩，实现经济收入60余万元。当地青蒿种植历史也十分悠久，村民把青蒿晒干，把茎与叶分离开，在集市上将茎叶售卖给药材商人。在道路两旁，随处可见村民们晒的青蒿。

养殖方面，椰木溪村以养殖生猪、黄牛、稻花鱼、蜜蜂、山羊等为主。全村共有生猪养殖基地3个，2019年出栏生猪800余头，经济产值达300余万元，生猪存栏300余头，实现经济收入500万元。2020年生猪出栏1200头，猪仔出栏500头。清泰黄牛养殖农民专业合作社是当地具有代表性的养殖合作社，是椰木溪村的龙头企业，由两兄弟经营。合作社拥有四间厂房，共饲养约100头黄牛和50头生猪。黄牛养殖方式主要是散养，黄牛的生长周期为1～2年，销售途径为合作社收购和外销，同时政府提供政策补贴，并派遣兽医检查医治。稻花鱼也是一种特色养殖产品，养在稻田里，发展循环经济，不过现

晒青蒿（椰木溪村工作人员　供图）

烟叶（李敏敏　摄）

在产量较小，还未形成产业规模，家养稻花鱼一般由村民自行在洗溪集市上卖出。村民几乎每家每户养蜂，每年每户该项收益最多能有4万~5万元，最少也能有1万元左右，销售途径为专人收购。

## （五）经济社会发展状况

### 1. 基础设施建设情况

椰木溪村在实施乡村振兴战略中，加大了基础设施建设力度。该村在保护苗族特色村寨、建设文明乡村、打造旅游目的地等工程中投入280余万元，主要用于墙体绘画、修建风雨桥和文化广场等；投入70多万元完善包括电子商务站点、医务室和生活缴费处等村级公共服务平台，给村民生活带来了极大便利。水是生命之源，为保障村民饮水安全，椰木溪村投资了150余万元引入自来水。村里现存古水井同时发挥饮水和文化传承功能。随着电力及网络的普及，全村已基本完成农网改造，户户通电；有线电视村村通工程已经全面开通，户户有通信，有的组还建设了无线网络，覆盖率约为25%。

椰木溪村从严治理环境污染，一方面贯彻“厕所革命”政策，对旱厕进行改造，修建化粪池，把旱厕变为水厕，在全村范围内建设自动冲洗厕所。另一方面对入溪排污口进行截污整治，村寨垃圾分户集中，然后由保洁员运至垃圾填埋场进行集中处理。

要想富，先修路，道路畅通是村落发展的重要条件。椰木溪村十分重视道路情况，在一组、二组村组公路硬化工程中投入150余万元，解决了500余人出行问题，进村道路已经全部硬化，达到国家村级公路的要求。村里的石板路也已完成硬化改造，以确保往来于每家每户的道路更宽阔、更安全。村里还额外投入30余万元，完善了4个村民小组60盏路灯建设，以保障村民夜晚的出行安全。

在乡村振兴大背景下，椰木溪村相继投入700余万元完善村里的基础设施及公共服务平台建设，使村里的硬件设施建设及村容村貌得到了根本性的改变。

### 2. 经济发展情况

2020年全村共有青壮年劳动力612人，已经外出务工486人，其中贫困劳动力204人，已外出务工162人；设有公益性岗位人员17人，其中护林员5人，保洁员9人，水管员2人，护渔员1人。村民主要收入来源为外出务工收入，农村种养殖业收入在总收入中占比较小。因地制宜的种植业和养殖业带动了村里的经济发展，同时由于国家各项政策的扶持，椰木溪村作为国家级贫困村于2016年实现整村脱贫出列。

### 3. 娱乐文化情况

椰木溪村的娱乐设施不多，除了之前谈及的风雨桥以外，该村还有一处娱乐的场所，是由一个废弃小学改建的文化广场。随着学生向县镇转移，村委会对学校进行了改建，并对空地做了硬化工程，最终建成为一个供村民娱乐活动的文化广场。在八一建军节、十一国庆节和腊月当地过小年的时候，县里文化局会派艺术团在文化广场上表演节目，村民一起聚会、跳舞，欢度佳节。其他民族节日人们也在这里载歌载舞，热闹非凡。

文化墙（李敏敏　摄）

在广场的侧边有一面文化墙，炫目的图案让本来是一片荒凉的地方变得充满活力、热情。文化墙上左侧是传统的梅花水墨画，右侧是传统的水墨山竹画，传统的漆工艺与传统的图画结合，彰显了椰木溪村村民勤劳智慧的品格。梅花与竹子象征着村民们英勇坚忍的品质，在大山里生生不息，勇敢面对大山里的一切困难。文化墙的中间部分画的是承载了当地历史文化的风雨桥。风雨桥横跨河道，两岸是环抱村庄的大山与原始森林。椰木溪的村民来来往往就靠这座风雨桥。工匠对风雨桥的刻画十分传神，一座古色古香的大桥仿佛跃然而出。两岸云雾缭绕，飘飘洒洒，笼罩一片，桥若隐若现，好似连接着虚无之境，通向古书中陶渊明笔下的“桃花源”。文化广场的建设丰富了村民文化生活，提高了村民对传统文化和业余文化生活的热情，同时让优质文化资源延伸到农村基层，让广大农民群众能够充分地共享文化发展成果。

**4. 教育、医疗发展情况**

教育、医疗在农村地区也越来越受到重视。全村义务教育阶段入学率达100%，没有辍学人员。椰木溪村受教育资助者较多，2019年享受教育助学人数为71人，其中学前教育21人，小学阶段32人，初中阶段16人，享受雨露计划2人。

全村医疗保险参保率为100%；贫困户参保率为100%。贫困户在县内医院，实施先诊疗后付费一站式结算方式，住院报销比例达90%，全村慢性病签约133户。国家一系列优惠政策的实施，极大保障了村民身心健康发展，基本解决了因病致贫问题。

## 二、文化遗产

### （一）物质文化遗产

椰木溪村作为有代表性的苗族土家族村落，传统建筑风格独特，具有重要的研究和观赏价值。椰木溪村有苗族民居、古石桥、清代的四合院等传统建筑。传统建筑因地制宜，建造材料和形式符合当地地理环境，建筑

传统吊脚楼(其一)(榔木溪村工作人员　供图)

传统吊脚楼(其二)(榔木溪村工作人员　供图)

雕花(榔木溪村工作人员　供图)

风格体现了当地民族文化,传统营造技法又展现着过去匠人的智慧。

## 1. 传统民居

该村落居民历来注重生态和谐,村落的规划布局充分利用地形地貌,其间融入少数民族传统建筑文化元素,民宅虽几经损毁,重建后的村寨仍然保持着古朴而原始的风貌。现今的榔木溪村建筑时间跨度极大,以20世纪50年代至70年代建筑为主,占总建筑面积的80.40%。村内有比较完整的苗族民居群,全部为木结构,以三间排开为主,屋顶盖青瓦。每户都以条石构筑石门,用高浮雕手法刻上“家约清风”等语,两边雕刻荷花图案修饰。院内门窗镂空雕花,有刻龙、凤、麒麟等神兽,有刻八仙、梁祝等故事图案。所有图案雕工精细、栩栩如生,充分展

新式吊脚楼(椰木溪村工作人员　供图)

示了当时工匠们的惊人智慧和高超技艺,表达了浓烈的民族特色和地方特征,更反映了劳动人民的思想和精神追求。

村寨里还保存着距今约有一百年历史的干栏式吊脚楼,这是中国苗族建筑文化的典型代表。当地多山区,山高坡陡,开挖地基极不容易,加上天气阴雨多变,潮湿多雾,砖屋底层地气很重,不宜起居,所以通风性能好且干爽的吊脚楼是当地居民住宅标配。吊脚楼是用当地盛产的杉木搭建而成的两层木构架房屋,柱子因坡就势、长短不一地架立在坡上。屋柱用大杉木凿眼,柱与柱之间用大小不一的杉木斜穿直套连在一起,哪怕不用一个铁钉也十分坚固。房子楼檐翘角上翻,如展翼欲飞。房子四壁用杉木板开槽密镶,里里外外都涂上桐油,又干净又亮堂。上层通风干燥用来住人,分客堂或卧室,四周向外伸出挑廊,可供主人在廊里干活休息。房屋的下层不设隔墙,里面作为猪、牛的畜棚或堆放农具和杂物。当下不少村民也修建了新式样的吊脚楼,不完全是用木材,而是木材和水泥的一种结合,下面的地基用水泥,更加牢固,上面的基层则还是和传统工艺一样,这样就增加了房屋的牢固性和安全性,房子年长日久也不会倾斜、变形。传统建筑依山而建、自然"生长",又衍生出了众多的巷道,巷道高低起伏,忽上忽下,构成了整个山地村落的空间骨架。这些古巷道的交叉点往往成为传统村落的重要节点,属于村落中最具活力的地段。

### 2. 青龙山四合院

青龙山四合院是村里唯一的四合院,因屋后的山脉活像一条青龙而得名,1875年建造,建筑面积220平方米。四合院为邓氏第一任家主邓先

青龙山四合院(李敏敏　摄)

石拱桥(刘璐　摄)

文考取进士后所修建,后来邓氏家族慢慢壮大,后代分散开来,四合院由各代家主继承,至今已延续十代,现任家主为邓克钊。邓氏一直富有威望,作为村里的名门,积极参与村内事务。四合院由正屋、东西两侧偏房及大门组成,中间为天井,东厢房为长子结婚婚房,西厢房为客房。院内以火砖与石块为主要建筑材料,屋内用木质材料装修,正门由石块砌成,墙体雕刻各种文字图案,象征着各种寓意。四合院坐北朝南,采光很好,在房屋的背后有密集的树林,夏天气温不高,树林里凉风习习。如今的四合院经过一百多年的风吹雨打,日晒雨淋,依然挺拔伫立,只留下一些岁月侵蚀的痕迹和历史的沧桑,它见证了历史的兴衰成败,已成为一个时代的烙印,拥有非常高的观赏和研究价值。

### 3. 石拱桥

石拱桥始建于1775年,为村里大户所修建,桥拱为单拱,跨度为15米,高度为7米,规模为120平方米,桥身由石块与石灰浆黏合而成,采取单孔长跨形式,河心不立桥墩。2015年当地对石桥进行了加固,并在桥上修建亭子,将桥身与吊脚楼木质建筑连接,屋顶均盖小青瓦,飞檐雕龙画凤。该桥建筑纯粹使用苗族古建筑工艺,集苗族石匠工艺和苗族木工工艺于一体,具有较高的艺术价值。

### 4. 古庙、古巷道、古井

除了吊脚楼、四合院和古桥,椰木溪村中还有古庙、古巷道、古井值得一提。椰木溪村多庙宇,都是为祈求村寨平安、风调雨顺所修建。在千年银杏树的上方有一座庙叫茅屋盖,供奉着八仙。八方寨有一座庙名为荷冲庙,供奉着荷老公公。在半山腰处还有一座庙叫新霸黑龙庙,它与别的庙宇不同,里面敬奉着的是唐末时期的"黑佬"。相传唐朝时,皇帝很重视宗教、祠庙,皇帝封庙会的"黑佬"为太保,"黑佬"保护平民百姓事事顺利,受人敬拜,一直流传到现在。每逢二月初六、六月初六和九月初六庙宇中都会办庙会,周围村民都会来拜祭。

黑龙庙(椰木溪村工作人员　供图)

古井(椰木溪村工作人员　供图)

先祖们就地取材用山石板铺建了椰木溪村古巷道,由于村落地势起伏大,内部巷道高低错落,独有韵味。

村中现存两处古井,开凿于村落建立之初,呈长方形,一年四季清泉汩汩,是当地百姓生活、灌溉用水的主要来源。

### 5. 风雨桥

风雨桥建设时间短,但特色鲜明。风雨桥于2015年由村里出资修建,在普通石桥上加盖房顶,铺设灰色小瓦,远看气势恢宏,近观民族特色浓郁。风雨桥又称花桥、福桥,流行于南方民族地区,人们会根据本民族传统文化和河床的宽度大小,设计出各式各样的风雨桥。在众多风雨桥中,以亭楼式的风雨桥居多,这种风雨桥于长廊顶部竖起多个宝塔式楼阁,檐角飞翘,顶有宝葫芦等装饰。椰木溪村风雨桥由巨大的石墩、木结构的桥身、长廊和亭阁组合而成;除石墩外,其他全部为木结构,不用一钉一铆,全系木料凿榫衔接,横穿竖插;桥面铺板,两旁铺设长凳,供来往行人休息,形成长廊式走道;长廊两壁上端,用木板雕刻各种历史人物,或绘制神话故事彩画,棚顶都盖有坚硬严实的瓦片;凡外露的木质表面都涂有防腐桐油,这使建筑物可以久经风雨,仍坚不可摧。风雨桥建在溪河上不仅是给人们提供交通便利、遮风挡雨、避暑乘凉,据传,还有镇邪和留财之意。村民们把这里当作休息、闲谈的好场所。很多村民们坐在桥上唠嗑,他们会聊自家孩子的教育、外出务工的经历、人情世故的处理、外面的世界等,这不仅仅是一座风雨桥,更是一座连通村民情感的桥。

风雨桥(刘璐　摄)

### 6. 传统农具

大山里的村民勤劳而智慧,椰木溪村村民就地取材创造了很多的农用、生活用具。

石磨虽不是经常使用的大物件,却曾是当地人家生活必需品。调研中发现有几户人家存有品质高、年代久的石磨,没有石磨的人家在需要时可借用或租赁。石磨大多用来磨豆腐、米浆,椰木溪村没有驴,所以这些

石磨(椰木溪村工作人员 供图)

舂物用具(椰木溪村工作人员 供图)

石磨都是人工用手推的。随着科学技术发展,大多数传统石磨现已成为过去生活的回忆而闲置在家中。

因为山区潮湿,村民日常生活几乎离不开辣椒。椰木溪村家家户户都种植了大片辣椒,待辣椒熟后将其舂碎,制作成辣椒粉。智慧的椰木溪村村民专门制作了舂辣椒的工具。这个工具分为三部分:第一部分是特制的石头,起到支点的作用,第二部分是木头身和舂头,舂头是发挥关键作用的地方,第三部分是半圆坑,这个坑用来盛放要舂的东西。使用方法很简单,反复用脚踩用具的一端,让另一端的舂头反复地运作起来,很快就能把坑里的东西舂碎。

根据农村种养需要,村民们保留了形形色色的农具,如各种各样的刀具、背篓、簸箕、箩筐、风车,等等。

背篓(椰木溪村工作人员　供图)

农用刀具(椰木溪村工作人员　供图)

## (二) 非物质文化遗产

椰木溪村是湖南省少数民族特色文化村,非物质文化遗产特点明显,“拦门礼”“上梁词”这些极具少数民族特色的民间文化至今仍以活态方式传承,与村落密切相连,充分体现了我国少数民族民俗文化内涵,为研究民族地区民俗文化提供了重要历史资料。

### 1. 娶亲迎嫁拦门礼

“拦门”是武陵山一带土家族、苗族、侗族的重要习俗,常用于婚庆,又叫“拦门礼”和“拦门酒”。拦门有两种,一种在夫家,另一种在女方家。夫家拦门,明确欲“求利市钱红”(钱红即花红,也就是现在人们常用的红包);女方家拦门,唐代时只索诗歌,后世亦索利市花红。

“拦门”是一种古老的习俗,它体现了土家族和苗族礼貌待客坦诚交流的良好道德风范。苗家娶亲嫁女,亲戚朋友都要上门送礼贺喜。土家族年轻男女成婚,要经过“拿庚”“提亲”“插香”“取同意”“娶亲”“圆亲”等过程。婚礼要举行“周公六礼”,经过“送礼”“交亲”“发亲”“回门”等六个环节,这些过程都是用歌来表达完成的。“拦门”有喜有乐,颇受年轻人喜爱。

结婚的头一天，男方请来乐队，张灯结彩，唢呐齐鸣，名叫“夜迎酒”。女方同样烛光摇曳，吹吹打打，名曰“打发酒”“戴花酒”或“花园酒”，意在预祝姑娘婚姻幸福美满、花好月圆。第二天新郎带着彩礼，娶亲队伍在押礼先生（又名领宾先生或带宾先生）的带领下，抬着“抬盒”浩浩荡荡来到新娘家。新娘家的迎宾先生（又名歌师或礼仪先生，有的地方也叫“支客司”或“管客司”）带领女方三亲六戚在大门外组成人墙拦住娶亲队伍，这就是土家婚俗中的“拦门”，通常在坝子中进行。这也是一场对歌比赛，双方均为对歌高手，往往唱得难分高低，给婚礼带来无穷乐趣。

椰木溪村注重“拦门”的传承和保护，每逢结婚庆典，“拦门”都是必不可少的节目。村落里的多数老人和部分年轻人都懂得“拦门”的礼节和仪式流程，可以看出这种非物质文化遗产在传承时，依赖的是村落的存在，而不是具体的传承人。只有保护好传统村落，村落的习俗才不会被遗忘和丢失。椰木溪村的“拦门”民俗已经传承300年左右。

**2. 上梁**

上梁是村民建房时必备的一道活动程序，也是湘西苗族传承久远的民间文化风俗。上梁在中梁即将升上屋顶时举行。新屋上梁，必须事先选定吉日良辰，良辰一旦选定，不能更改，即便刮风下雨，也要按照选定的时辰上梁。如果遇到晴天，就有“阳春布德泽，万物生光辉”之意；若是赶上刮风下雨天，也有“风也来，雨也来，真是风调雨顺”之说。

中梁对于一座宅院来说具有很不寻常的意义，甚至达到神圣的程度，它代表整座宅院本身的安定，所担负的是如同一家之长般的角色。在梁的下方和中央部分都画有一面八卦，以避邪制煞、镇宅平安，中脊梁上的八卦图形在绘制时，必须择日斋戒，从而使画出来的八卦能够发挥出避邪制煞、镇宅平安的作用。中梁尚未动斧之前，可以任意摆置，但一经书上所记之“动斧日”动斧之后，此梁木本身就不再是凡俗之物。

上梁前，作头师傅要唱“上梁歌”，边唱边用酒壶浇酒，从梁头浇到梁尾,梁的东端应高于西端而上,因东首为“青龙座”,西首为“白虎座”,白虎要低于青龙。将正梁放平稳后,主人要将亲朋好友送来的“五谷彩袋”搬到屋顶,放在梁的正中,寓意五谷丰登,并将红布披在梁上,有的地方在红布的底端缝上一双布鞋垫,寓意给新房主人铺垫家底;有的地方在正梁中间挂上装有红枣、花生、米、麦、万年青等的红布袋,寓意“福、禄、寿、喜、万古长青”。之后,匠人将果品、食品等用红布包好,边说好话边将布包抛入主人双手捧起的箩筐中,这个程序称为“接包”,寓意接住财宝。

上梁仪式最热闹的程序是抛梁。当主人“接包”后,匠人便将糖果、花生、馒头、铜钱、“金元宝”等从梁上抛向四周,让前来看热闹的男女老幼争抢,人越多东家越高兴,此举称为“抛梁”,意为“财源滚滚来”。在“抛梁”时,匠人还要说吉利话,他们常说:“抛梁抛到东,东方日出满堂红;抛梁抛到西,麒麟送子挂双喜;抛梁抛到南,子孙代代做状元;抛梁抛到北,囤囤白米年年满。”

抛梁结束后,众人退出新屋,让太阳晒一下屋梁,这叫作晒梁。最后,主人设宴款待匠人、帮工和亲朋好友,并分发红包,整个上梁仪式结束。上梁仪式是具有悠久历史的民间传统,它向乡亲们宣布主人的新居即将大功告成,证明了主人的勤劳和富裕;它也联络新主人与亲朋好友和左邻右舍的感情,显示了主人的慷慨大方,还表现了人们对幸福生活的追求和希望消灾免祸、子孙富贵的愿望。

### 3. 跳香舞

跳香舞是一种欢庆丰收、预祝来年风调雨顺并答谢和祭祀“五谷神”的民俗活动,在每年农历三月初三或六月初六举行。依附于祭祀活动并带有一定民俗特征的跳香舞在湘西苗族聚居区流传已有上千年时间了。

### 4. 唱山歌

榔木溪村在举办庙会、山上聚会或办白事时,还有唱山歌的习惯。人们采用祖辈流传下来的曲调,根据现场发生的事即兴填词。山歌分为礼歌和孝歌,礼歌讲述现实,感谢党和政府等,多以称赞为主;孝歌是在老人或父母去世后唱的，歌词主要内容为孝双亲，讲述情义和道理。椰木溪村会唱山歌的人不多，其中一位名叫邓家刚，今年73岁高龄，他简要了解了笔者调研队伍后，即兴演唱了一首礼歌："你们来自湖北，来自各个地方，你们都是党的接班人。姊妹们确实好，来到这里访问，以后去学堂学习，是中国的接班人。"

## 三、自然资源

### （一）自然景观

进入椰木溪村可以看到这样的景象，浓浓的雾霭把周围的山顶遮盖得朦胧迷离，葱郁翠绿的参天古树，在阳光的照射下肆意伸展，鳞次栉比的梯田自山腰坡地延伸到山脚，袅袅的炊烟在苗家吊脚楼上舒卷懒腰，寨内青砖小径穿插在民居中蜿蜒而上。椰木溪村沿河呈带状分布，由东北向西南延伸，中间溪流环绕，两侧椰木树丛生，周围青山逶迤，清一色全木结构青瓦盖顶的木房一幢接着一幢，呈带状有序分布。村旁的山脉巍峨粗犷，连接天桥山，被列入湖南省级公益林保护区。民居依山傍水，青瓦木楼四合院依次相连，民族风情浓郁迷人。村寨背靠雄伟的五座山脉，好像五匹骏马，有古诗云"五驹奔腾急，打马问神仙，四闩环抱水，文壁照村庄"，有飞黄腾达和人才辈出之寓意。村子尾端有两座尖山，传说八仙中的张果老挑土填海

特色民居（椰木溪村工作人员　供图）

制造平原,挑山的时候扁担断了,人飞到了池布塘,扁担飞到了丫果山,将山脉压成一个凹槽形状,土就飞到了椰木溪村这里,成了村里的两座山。现此地取名为张包湾,有纪念张果老之意。

## (二)植物资源

椰木溪村地貌多样,自然条件优越,野生动植物资源丰富,有亚热带常绿阔叶、落叶混交林,植被相当丰富。全寨被青山绿水包围,森林覆盖率达84%,村子里百年古树成群,有六百年的黄梨木树、五百年的枫香树、四百年的椰木树和三百年的檀香树、柏木树、青冈树等,林业部门对古树均挂牌认证,每棵树都有自己的“古树名木保护牌”。历史最为悠久的是一棵有一千八百年树龄、被称作“活化石”的银杏树。千百年来,这棵树吸日月之精华,蕴天地之灵气,从古到今,人们对它顶礼膜拜,奉为神灵。它的果和叶都是上好中药材,用银杏叶制成的银杏茶对于辅助治疗高血压、冠心病等都有一定的疗效。沧桑的年轮雕琢着岁月的痕迹,深绿的叶子展现着蓬勃生机,村民对古树存有敬畏之心,生长的古树也为这方土地带来了世代的福泽。

古树名木保护牌(李椰　摄)

千年银杏树(椰木溪村工作人员　供图)

## （三）药材资源

椰木溪村属亚热带季风湿润气候，但又具有明显的大陆性气候特征。夏半年受夏季风控制，降水充沛，气候温暖湿润，冬半年受冬季风控制，降水较少，气候较寒冷干燥。水热同季，四季分明，降水充沛，光热偏少。夏季的湿热气候有利于中药黄精和黄檗的生长，黄精根茎入药，有补脾润肺生津的作用，黄檗的树皮晒干后可以入药，具有清热燥湿、泻火除蒸、解毒疗疮的功效。黄檗和黄精构成了寨子的林下经济。

黄檗（刘璐　摄）

黄精（刘璐　摄）

（本章由吴开松、刘璐撰写）

# 第三章　欧溪村

欧溪村地处泸溪县西北部，整个村落的格局可以概括为“三山一水夹良田，八溪汇聚拥苗寨”。欧溪村规模较大，依山傍水沿坡而建，层叠起伏，欧溪绕全村蜿蜒而过。连绵起伏的梯田与民国古建筑群交相辉映，相生相伴，是村民先祖在山地环境下创造生活的智慧结晶。欧溪村拥有丰富的民族文化遗产和独特美丽的自然风光，保留着湘西古老的特色民俗，于2009年被评为湖南省少数民族特色文化村。2016年12月，欧溪村被列入第四批中国传统村落名录。

# 一、村落概况

## （一）地理生态环境

欧溪村地处泸溪县西北部，中心区为欧溪自然村，距离县城35公里，东接武溪镇上堡村国有林场，北抵沅陵县，风景清幽。欧溪村是典型的丘陵地貌。该村属亚热带季风气候，平均气温13.2℃，无霜期240天。总体来看，整个村落的格局可以概括为“三山一水夹良田，八溪汇聚拥苗寨”。“三山”指豆子坳山、龙湾山、岭上山；“一水”指欧溪水系；“八溪”指村内从老山自上而下形成的欧溪、茶坪溪、溪婆溪、曹家溪等八条小溪，它们汇入欧溪村水系之中，贯穿欧溪的每一个角落。位于村落北部的欧溪与欧溪村的命名有着密切联系。据村落相关记载，整个村寨的形状类似于农民用作犁田的牛耙，牛耙的主要部位是上边的锯齿，而恰好欧溪在村落的位置等同于牛耙上的锯齿位置，同时也在村落中发挥着重要的灌溉作用，因此村落以欧溪为名。整体而言，欧溪村四周群山环绕，错落有致，层次分明，地势北高南低，整个村落就像“隐居”于美丽群山之中的“世外桃源”。全村总面积14.3平方公里、耕地3000余亩、水田1700余亩，乡级公路穿村而过。这里自然环境保护较好，有一万多亩的省级生态林区，公路两旁吊脚楼随处可见。

## （二）村落来源

说起欧溪村的历史，要追溯回元朝末年。元朝末年，世道纷乱，硝烟弥漫，百姓苦不堪言，一股巨大的人口迁徙浪潮在这个时候掀起，欧溪村的入寨始祖们便是这场浪潮中的朵朵浪花。江西地区的沉重赋税令当地百姓食不果腹，难以生存，百姓非亡即逃，同时，因湘西地区连年征战，人口锐减，朝廷为了保证各地人口的平衡，实施从江西迁移人口填入湖广的政策。从江西一路觅址建寨的欧溪村始祖辗转来此，发现此地被众山环绕，地形为右半边月地，其中虎形地、船形地相互制约，地理位置较其他山区优越，水土富饶，是一块不可多得的风水宝地，可保居民衣食无忧、生活富足，于是祖辈便决定定居于此。经过数百年的繁衍生息，欧溪村演变成了现在这个人丁兴旺的美丽村庄。

中华人民共和国成立后，为便于区域划分与管理工作的开展，在现今欧溪村范围内设置了欧溪村和老吴村。随着村民广泛交往交流，两个村的界限也就逐渐变得模糊，逐渐形成了你中有我、我中有你、亲如一家的团结局面。随后，县政府为有效利用资源，将原老吴村和曾经的欧溪村合并成现在的欧溪村。

### （三）村落人口

欧溪村传统村落由原老吴村与欧溪村合并而成，苗族人口占比近90%，剩下部分为汉族，是以苗族为主的特色村寨，其使用的方言属于湘西苗语中的瓦乡话。村落主要有李、杨、龚、福四大姓氏，据说李姓最早来此定居，杨、龚、福等姓氏是李姓之后迁入此地。截至2019年，全村辖8个村民小组，共有547户2060人，44岁以下青壮年人口占比60%。

### （四）物产与特色产业

欧溪村的农业基础设施曾经比较薄弱，投入资金不足，信息不通畅，导致村民致富门路少，村集体经济落后，产业结构单一，农民增收困难。近年来，欧溪村以习近平新时代中国特色社会主义思想为指导，以“因地制宜、实事求是、分类指导、精准扶贫、长短结合、统筹兼顾、政府引导、自力更生”为原则，带领村民们实现脱贫，振兴乡村。促进产业发展、增加农民收入是扶贫开发重中之重。欧溪村充分发挥优势，坚持“一村一品”原则，大力发展特色产业。积极发展烟叶、油茶、中药材黄檗种植。2019年该村种植烟叶140亩,瓦乡米200亩,青蒿500亩,黄檗1000亩,人均可支配收入比上年度增加15%以上。围绕生态文化乡村游精品线建设,以特色民族村寨为重点,大力推进具备条件的村寨发展乡村旅游业。

### (五)经济社会发展状况

泸溪县坚持一把手亲自抓、分管领导具体抓的工作机制,认真履行结对帮扶单位工作职责。在脱贫攻坚工作中,欧溪村全村215户贫困户全部明确到人,帮扶责任人明确目标任务,强化责任措施,确保了215户贫困户顺利脱贫,脱贫户的收入稳步增长。2020年已实现全村脱贫摘帽。

欧溪村经济不断发展,尤其是在乡村振兴背景下,该村抢抓入选国家传统村落机遇,进行了一系列村基础设施建设,为脱贫攻坚打下了坚实基础。全村对内实现道路100%硬化,对外有乡级道路穿村而过,宽度约为6米。村民自来水全覆盖,能源使用有了进一步提升,现50%村民使用沼气池以及太阳能,占比逐年上升。村内有统一的环卫设施,有集中的污染物垃圾焚烧炉,还设置有保洁公益岗位打扫村内卫

村卫生室(欧溪村工作人员　供图)

中药材种植基地(方玉萍　摄)

生。电力方面，全村实现户户通电，现有一台变压器，农户用电较为稳定。全村农网改造已经完成，移动通信实现全部覆盖，村内已通有线电视，各自然寨电视入户率达100%，部分农户接入有线互联网。另外，村里设有“一站式服务平台”，帮助村民答疑解惑、提供帮助，实现村民少跑路，数据多跑路，真正做到为老百姓服务。休闲娱乐设施方面，村里修建有文化广场，逢年过节会在文化广场举办活动，村民日常会在广场上休闲娱乐。不仅如此，欧溪村还大力健全公共文化卫生服务体系。一方面，加强对孤寡老人、留守儿童等弱势群体的人文关怀。另一方面，完善社会民生事业建设，逐步提高教育、卫生、医疗水平，提高对孤寡老人、残障人员、特困户等特殊困难群众的帮扶，采取综合救助手段，一个不漏地“托住”基本生活底线，真正做到了“两不愁三保障”“一达标”。义务教育实现了适龄儿童100%入学，高中及以上学历占全村人口30%。养老覆盖率为100%，村医保覆盖率为100%，村里有村医务室，有两名执业医师。

## 二、文化遗产

### （一）物质文化遗产

吊脚楼（方玉萍　摄）

欧溪村建村历史悠久，村落内尚存历史建筑4栋、传统特色建筑114栋、古树40棵、古桥2处等。

#### 1. 特色吊脚楼

提及苗族村落的特色建筑，定然离不开吊脚楼。欧溪村的建筑在外形上并不刻意追求方正高大和豪华大气，而是巧妙地利用丘陵地势，顺势而起，灵活选址，一般修筑在舒缓的半山坡或者平坦的河岸，鳞次栉比，层叠而

吊脚楼侧面(欧溪村工作人员　供图)

双龙抢宝(方玉萍　摄)

上。“吊脚楼”是当地的主要住房,吊脚楼是干栏式建筑在山地条件下富有特色的创造,属于歇山式穿斗挑梁木架干栏式楼房。当地这样的建筑特点是为了适应平地稀少的地形环境而规划设计,最大程度利用有限的建筑用地,增加了屋场,使每一片土地都发挥出最大作用。

村内的吊脚楼绝大部分以苗族传统的木质结构为主,三间四排五柱八挂的建筑居多,两侧为住房,中间为堂屋,面积 90 平方米左右,木料以杉木、松木为主。村内现存的吊脚楼以一层和两层居多。两层吊脚楼也分两种情况:一是如果在较为潮湿的地段,则上层为主要食宿房,下层会根据地形而随机改变,或用作猪圈,或放置杂物,如在邻水位置则用木

吊脚楼石基(其一)(欧溪村工作人员　供图)

吊脚楼石基(其二)(欧溪村工作人员　供图)

吊脚楼石基(其三)(欧溪村工作人员　供图)

吊脚楼石基(其四)(欧溪村工作人员　供图)

棒支撑架空,以此来通风散气,防止因地表潮湿,滋长蛇虫以及避免木板发霉,不做他用;二是在平坦干燥的地方,部分较富有的村民会将二楼安置为客房,客人是不能随便住进主房屋的,堂屋是用来接待贵宾或者家中老人去世之后作灵堂用,一层主要作食宿房。吊脚楼往往由专门的工匠来设计,一般会将屋顶四角上翘,在屋周边走廊竖起雕花栏杆以防摔倒,选址不仅讲究对环境的适应,还重视风水,要坐北朝南,以“左青龙,右白虎,前朱雀,后玄武”为最佳。按照传统,堂屋正门大都刻有“福禄寿喜”等吉祥字样,屋顶均盖小青瓦,与飞檐上的雕龙画凤交相辉映,屋、溪、天自成一色。吊脚楼无论是在结构、装饰还是布局上,都在不同程度上适应了当地的生活环境、风土人情,村内清一色的木板房、青瓦片、格格窗等处处体现着苗族建筑所特有的文化特征。

村落当今建造的吊脚楼与传统的全木质结构吊脚楼不同,多为土木结构。部分传统建筑的山墙面用当地竹子和土与牛粪垒砌而成,用于防风防火以及加固房屋稳定性。村内的厕所常和猪圈牛栏修建在一起,按村里人的说法就是“少臭一点廊场(地方)”。欧溪村修建了许多单独的仓屋,以此来储存谷子和玉米之类的粮食,也能挡避鼠耗和麻雀啄食。仓屋有的修在室内,有的是单独小屋。以前的仓屋材料基本上都是实木,中间可以打开仓门,用一块活动的木板关上。这种传统的木屋建筑很容易失火,而且抢救效果差。为了防止火灾,现在的仓屋多用火砖、土砖来建造。房屋的基石上常常雕刻美丽花纹和一些祈福的词语,来表达对家庭、民族以及国家的美好期望。

### 2. 明清四合院

当前欧溪村尚存一座建于明清时期且保存较好的四合院。院子大门上方刻有"私用甲第"四字石匾,甲第自古以来在我国是高贵身份的象征,有着豪门贵族的宅第、科举考试中第一等的含义。门外有五个台阶,象征着五品官员,寓意这里能够出人才,做大官。院内为两层阶梯状,一层阶梯内主要为小庭院,左右为客房,各上下两间房。走上石阶梯便是堂屋,堂屋右侧为主卧,左侧为厨房,厨房内还有一间住房,该四合院为当地最大、保存最为完好的院子。据传,该四合院家主当时住在现四合院对面的一栋木房子里,后因家中出秀才,家道变好,逐渐富裕起来,便修建了这栋四合院。村民们已不记得秀才叫什么,只知他的孙子名为李家据,但因他不图上进,坐吃山空,因此成为四合院的最后一个主人。现四合院由欧溪村进行保护,有专门的人员看守。

四合院侧面图(方玉萍　摄)

### 3. 清代、民国时期地契

欧溪村目前较好地保留了清代与民国时期的土地买卖地契、土地租赁合同、分家产合同与产业图共53份。其中康熙年间2份、乾隆年间4份、嘉

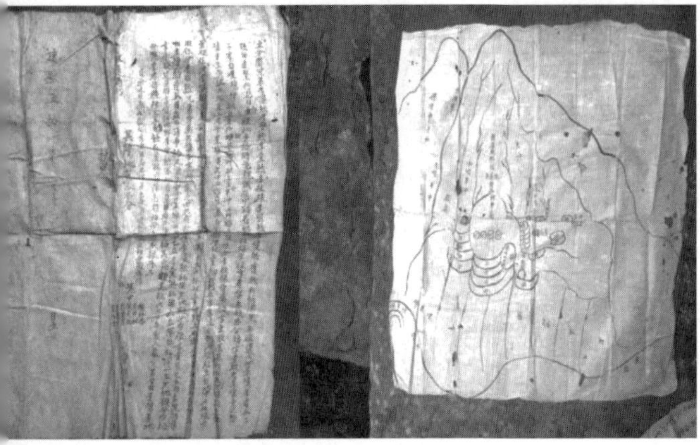

清代地契(方玉萍　摄)

庆年间15份、道光年间6份、咸丰年间2份、同治年间3份、光绪年间13份、民国年间2份,以及因保存不当不确定年份的6份,共53份。这些地契合同全部为李氏家族所有,足以证明当时李氏家族的富裕程度。院中有一张产业图,不仅清楚地标识了李氏家族当时的家产,还清楚地画出了当时欧溪村的村貌,对了解当时欧溪村发展情况有着重要意义。

#### 4. 古石阶

古石阶(方玉萍　摄)

百年前,欧溪村人民依靠着人类的劳动,十人抬一石,百人筑一阶,建成了上山的古石阶"路",现依旧保存完好。古石阶连接着成片成片的原始森林,渲染着欧溪村平静宁和的小农生活。春雨过后,山上枞树底下往往会长出可口开胃的枞树菌,村民们带着孩童走过古石阶前来采摘;金秋悄然而至,一片片枯叶随风飘落,如同起舞的群蝶,远远望去古石阶犹如盘旋在山间的巨龙,给人带来美的感观与震撼;凛冽寒冬,村民便踩着古石阶上山捡拾柴火,以御寒气。

### 5. 桐油灯座

桐油灯座(欧溪村工作人员　供图)

欧溪村山上的树木以松、杉、枞、棕、桐为主，土壤以黑土和红土为主，比较肥沃，因而树木都长得高大茂盛，为村民们保留已久的“刀耕火种”传统农业社会生活方式提供了物质基础。根据欧溪村退休的李维友老书记的讲述，村寨很长一段时间里没有煤油灯，在改革开放之前村民甚至还将煤油称作“洋油”，富贵人家才用得起。难道人们在晚上就摸黑行动吗？当然不是，劳动人民的智慧是无穷的。虽然当地并没有生产煤油的场地，但村民却意外发现桐树能提炼出桐油，也可以点燃用以照明，村民也因此在村子里建立了一个桐油烧场，需要桐油时，就砍伐桐树放入烧场焚烧来提炼出油。为了方便地使用桐油灯，村民们还改造了桐油灯座。现在随着人民生活水平的日益提高，环境保护意识加强，桐油灯座已经很少再有发挥其作用的机会，但是灯座依旧伫立在那里，点亮村民们的内心。

## （二）非物质文化遗产

欧溪村的村民基本都是明朝从江西迁移过来的瓦乡后裔，瓦乡人中有些被定为苗族，所以传承着与其他苗族类似的苗族文化，如跳香、挑花、婚丧嫁娶习俗、还傩愿等。

### 1. 十月跳香

跳香是该村落及附近村寨独特的盛大节日，又称十月明香大会。一般在十月初举行，时间持续十至十五天。它是苗家预祝风调雨顺、六畜兴旺、五谷丰登以及欢庆丰收的古老祭祀节日。跳香节一般由一寨或多个寨子的全体村民共同参与。在发起的村落举行仪式，请神、敬神、发童子、上车、退车，每寨轮流一天“跳香”，最后回到举办的村落进行大旋场结束跳香。由苗老司着红袍(红衣老司)，戴五佛冠，持绺巾、牛角、司刀领舞，众人持香跟随跳舞，中间穿插着唱词、进香殿、穿村寨、种五谷，以锣鼓伴奏，声势宏大。跳香集巫教法事、苗老司唱词、法事打击吹管乐、祭祀舞蹈、农事舞蹈于一体，较为完整地反映了苗族人民信神敬神、求神灵庇佑平安、赐予五谷丰登的心灵祈盼。目前，跳香舞已融入各个节日活动中，参与跳香舞的人数多，表演规模宏大。跳香的每个段落都是由苗老司、小旋场承上启下，而跳香结束前的旋场，则是苗老司表现真功夫的时候。旋场是收尾工作，但也可以说是跳香的高潮部分。苗老司旋场时，吹响牛角，用一只脚后跟在一块茶枯饼上旋转。此时燃放炮仗，擂鼓如雷，群众呐喊助威。苗老司的旋转渐快渐急，天师袍的襟摆飞了起来，与身体成90度。苗老司旋转的时间不定，将茶枯饼旋通为止。苗老司忽然扯出长4米、宽0.5米的绘有千军万马的绺折，一下抖开。至此，跳香结束。跳香结束后，便是分吃香糍粑、香豆腐、群众尽情舞蹈的场面。其中尤以吃豆腐最具特色。人们把油炸好的豆腐，舀到勺子、盆里，吃的人蹲着，用竹棍、芭茅根、香棍挑起豆腐，互相劝吃。还有人用木棍敲盆沿。目前，苗族跳香已融入各个节日活动中，传承保护发展良好，欧溪村有省、州、县三级传承人各1名。

### 2. 苗歌

在欧溪，苗歌是当地人表达思想感情的重要工具，很多事情只说不算，还需要编成苗歌来开唱。演唱一首悲歌，可以使听者被感动得放声大哭；而演唱一首喜庆歌，又可以使听者心情舒畅，笑语喧哗；唱一套情歌，可以打动对方的心。但随着外出务工人数的增加，现在村里大多数年轻人都不会唱苗歌了，基本只有老人会唱，但老人也不常唱，只有相聚在一起聊家常时，才会唱起苗歌互相诉说。苗歌讲究歌词结构与押韵，结构很复杂，有一句体、二句体、三句体、四句体、五句体和多句体。歌词很讲究韵脚，一般要押“双韵”(即押两个韵)。有时为了适应即兴创作，总是加上很多如“噢”“噫”“当真”“咳咳”之类的衬词。

### 3. 还傩愿

还傩愿是重大的祭祀活动之一。举行仪式的时间一般在每年秋冬季，只有“桃花愿”在春季举行。祭祀仪式请巫师主持，主家还要请诸亲戚参加。还傩愿还有单愿、双愿之别。单愿者，用猪、羊各一，双愿者用猪、羊各二，其他祭品相同。届时，法师身穿红色法衣，有的还身负绺巾，头包红帕，戴冠扎，根据不同场合，手上持不同的法器，如竹卦、司刀、马鞭、牛角等。法师或在锣鼓伴奏中边舞边唱，或诵念祭词，或卜卦，或表演傩戏。活动时间长短不一，有的一天一夜，有的两夜三天，最长为七天。活动结束后，祭家遣人伴送法师返家，途中每经过一村寨，法师必须吹奏一阕牛角号，到家时，再吹一次牛角。随后，不管相聚多远，许愿的人都必须赶回村里的庙还愿。《边城》第八章中，沈从文先生所述翠翠“哼着巫师十二月里为人还愿迎神的歌玩”，便是对还傩愿这一古老仪式的描写。

### 4. 婚丧嫁娶

中华人民共和国成立后，随着国家婚姻法在当地的贯彻执行，欧溪村的婚姻逐步走向现代，但依旧保留了很多传统仪式。婚姻遵守同宗不娶的原则，强调明媒正娶。新娘出嫁前，需要吃离别饭，之后由新娘哥哥或弟弟背出门。古时，需要背上花轿，路遇桥梁需停轿，继续由兄弟将新娘背过桥，再上花轿。意指不论新娘嫁到哪里，遇到什么挫折，都依旧是家里的重要一分子，也是表达对新娘的重视。随着时代的进步，现在村里结婚几乎很少坐轿子，但是习俗却依旧保留，现在更多是由新娘的兄长(或弟弟)将新娘背至来接亲的车里，女方兄长(或弟弟)还有其他一些长辈，会一起坐车跟随去男方家，叫作送亲。婚礼中新郎家的亲人在新娘进门时要回避，新婚之夜，新娘不与新郎同宿，第二天新娘要回娘家住。婚期之后，新郎再去请新娘回来，开始夫妻生活。有些新娘第一次回门会长达一两个月，谓之“坐家”，这就是“不落夫家”的婚俗。新娘出嫁的路上，最忌讳打雷变天，所以婚期多在秋冬举行。

欧溪村的丧事就相对简单，更注重表达对去世者的不舍和祈祷之情，希望去世者能早日投胎转世与保佑后代。家里的老人去世后，会要求家里的子孙后代尽孝，守灵堂，当地还会请人唱“老人歌”，通常会唱一整夜，会有四至六人轮流唱，唱的内容主要有三方面：一是根据书籍，但并不是专唱老人歌的书籍，而是会根据唱的人生平所看书籍的积累，主要唱请行与送行相关内容；二是根据现场儿孙守灵与送行宾客的情况唱；三是唱兴旺，希望逝者能保佑后代子孙满堂、家族兴旺等。

### 5. 六月年

六月年，即六月过年，是当地特有的节日。六月年来源于当地流传的胡氏三兄弟的悲情故事，为了祭奠胡氏三兄弟至死寻娘的孝义之行，老百姓至今都有封忌、开忌、举办龙蛇大会的习俗，俗称过“六月年”。

### 6. 饮食文化

“三天不吃酸，走路打闹窜（趔趄）”“三个辣椒，顶件棉袄”“瓦罐腌酸鲤，嘉宾宴上珍”等当地俗语无疑是对欧溪村饮食文化最好的描绘。酸辣是欧溪村民日常生活中不可缺少的两味。对他们来说，没有酸辣，吃什么都没有味，当地有“辣椒当盐，酸菜当饭”之说。每逢冬日，欧溪村民还会熏制腊肉、腌肉、腌鱼、鱼干、香肠等以备过年食用。除这些外，还被村民们提起的是欧溪村的酒。欧溪村民性格豪爽，也正是因为这样的天性，酒成了当地人民生活中不可或缺的“饮料”。村民们日常饮用之酒，均为自家酿制，主要分为烧酒和米酒两种。烧酒度数高，酒性剧烈，在红白喜事的酒席上颇受欢迎，饮烧酒、扯闲谈也就成了当地的饭桌文化。烧酒一般使用玉蜀黍来酿造。而米酒则度数低，很难醉人，也因为这样的特性，米酒常常被村民用来去除某些肉类的膻味。并且因其味道清甜可口，也被当作一种礼物来送给亲友。米酒一般用日常黏米酿造。村民会根据不同的客人、不同的时间地点，拿出不同的酒，所用礼俗也会随之变化，比如拦路酒、交杯酒、进门酒等，饮酒文化丰富多彩。这些饮食习惯都与欧溪村特定的社会历史条件、生活环境和地理气候密切相关。

### 7. 苗族医术

欧溪村地处大山之中，古时因交通不便、经济较落后，村民生病难以外出医治，苗医在很长一段时间是当地唯一的医疗资源，而老苗医使用的苗方苗药，更是当地的医学瑰宝，素有“苗山一绝”的美称。村民每当生病就会请当地的老苗医开苗方。

### 8. 人生礼仪习俗

欧溪村还有着特殊的人生礼仪习俗，如婴儿诞生礼、看月习俗、满月习俗等。每当村内有新生婴儿出生，村民会立即记下出生的时刻和婴儿出胎时身体所保持的形态，取名的任务往往会交给村内的道士，道士会根据祖传的人名书来取名。到孩子满月后的第四十天，父母就会在家摆满月酒庆祝孩子的顺利成长，在第一百天更会进行全寨性的庆祝。

### 9. 传说故事

欧溪因其独特的地理位置和历史悠久的文化背景，有着丰富的人文故事，这为欧溪增添了一抹神秘色彩。

四井保平安传说。相传欧溪村东南西北四个方向各有一口井，寓意东有双凤朝阳，西有美女看船，南有白虎保潭，北有观音坐莲，从而保佑欧溪村平安，风调雨顺。但现在四口井分布在不同的山上，已无去路，此乃四井保平安。

石狮保平安传说。相传，现在的村室楼(原是一所小学)对面的村(现婆田寨)每逢涨大水便会被淹，导致水患连连。有一位略懂风水的老人便对村民说，要想治理河水，必须在村口修一对张着嘴的石狮子，这样涨的水就会被石狮子吸入肚子里。于是村民集资在村口立了一对石狮，修好之后，果真这个村再也没被水淹过。

## 三、自然资源

### （一）自然景观

绿水青山环绕着欧溪村，使村庄如诗如画。游人一旦进入其中，就会立刻惊叹于大自然的风光，感受到一种与现代都市大相径庭的轻缓生活步调。放眼望去，连绵不绝的古树深山，贪婪地吸引着人们的视线。山上的梯田，沿缓坡而建，与背后的青山融为一体。欧溪、茶坪溪、婆田溪、曹家溪、电湾溪、洪水溪等八条从背后高山上缓缓而流的小溪，滋润着欧溪村每一寸土地，养育了欧溪的每一个生灵。溪水中水草丰富，村里的孩子们习惯捞起水草织成草帽、草环，戴在头上，套在手上，沿着溪流奔跑玩耍。小溪盛产泥鳅和草鱼，每逢繁殖期，村里人便拿着竹篓在溪边捕鱼捞虾，或在家中烹一桌美味佳肴，大饱口福，或拿到集市换一些零用钱补贴家用。炎炎夏季，很多村民也会带着小孩儿来溪边洗澡乘凉，嬉戏欢闹声

欧溪自然风光（方玉萍　摄）

不绝于耳。溪流给这个村子带来了勃然生机与活力。

欧溪村紧靠天桥山自然风景区，被连绵不断的山脉紧紧环绕着，山山重叠，地势西高东低，有豆子坳、龙湾山、岭上山等山体。走近深山，一股古朴厚重的大自然气息便扑面而来。欧溪村森林植被覆盖面积广，植被类型多样，古树颇多，当前全村森林覆盖率60%，山上的树木以松、杉、枞、棕、桐为主，百年古树有40余棵。参天的古树林里一阵阵的林籁泉韵，斑驳陆离的树影，让人仿佛置身仙境，流连忘返。

## （二）动植物资源

欧溪周边以高山丛林和山坡为主。野生兽类有野猪、野兔、豺、黄鼠狼、穿山甲、松鼠等；野生禽鸟类有画眉、喜鹊、黄雀、八哥、斑鸠、布谷鸟、野鸡、猫头鹰、白鹭、鸳鸯等；野生鱼类有鲤鱼、青鱼、花鳅、泥鳅、鲶鱼、黄鳝、七星鱼等；两栖类主要有青蛙、虎纹蛙、蟾蜍等；甲壳和蚧类主要有蚌、螺蟹等；蛇虫类主要有青竹蛇、眼镜蛇、五步蛇、金环蛇、银环蛇、蜻蜓、蟋蟀、蚱蜢、蜥蜴等。

（本章由吴开松、方玉萍撰写）

# 第四章　芭蕉坪村

芭蕉坪村地处泸溪县洗溪镇西北部，村落中心区为芭蕉坪自然寨，是湘西苗语东部次方言中部土语的峒头寨语支（西起脂县洗溪峒头寨，东至古丈县岩头寨）的中心地带，被称为“一坪挑两寨”。这里自然风景优美，民族文化底蕴丰厚，潺潺而流的溪水绕村而过，百年风雨桥历经沧桑，千年古树傲然挺立。多年来，芭蕉坪村借助苗族“三月三”传统节日，依托丰厚的民族文化艺术底蕴，在政府部门大力支持下，使民族文化、自然环境、人文环境得到充分的保护、发掘和发展，成为泸溪县民族文化保护最完整的村寨之一。2009年芭蕉坪村被湖南省原民委命名为湖南少数民族特色村寨。2016年12月，芭蕉坪村被列入第四批中国传统村落名录。

# 一、村落概况

## （一）地理生态环境

芭蕉坪村位于湖南省湘西州泸溪县洗溪镇西北部，与吉首市的标锦村、古丈县的苏家村接界。芭蕉坪村传统村落中心区为芭蕉坪自然寨，境内有洗溪—梁家潭—芭蕉坪公路，距县城45公里，距洗溪镇30公里。全村总面积13.89平方公里，耕地面积1096亩，稻田面积935亩，林地面积11300亩。洗溪镇地处武陵山脉向雪峰山脉过渡地带，村内总面积80%为山脉，10%是耕地，河流与道路村庄各占5%，是“八山半水一分田、半分道路和村庄”的山区乡，其地貌自东向西南排成“川”字形状，正常海拔为300米至500米，最高海拔有800余米。芭蕉坪村坐落在云长界虎头岭下末端山坡延伸小溪交汇处，即海拔300多米的雷夯山阳坡上，坐西朝东，正面与榔木界的猪栏坳与头田坳照面，背靠虎头岭，从山后远眺是斗篷界的桐木坪。村下有窝嫂溪、窝咱溪交汇，两溪交汇后称为冲溪。芭蕉坪属亚热带季风气候，四季分明，无霜期为240天，适宜居住。

芭蕉坪村（方玉萍　摄）

## （二）村落历史

芭蕉坪始建于明代，形成于清代，村落历史悠久，少数民族民居建筑、手工艺品、饮食等物质民俗与节日、礼仪、民间信仰等精神民俗形式多样、久传不衰，是湘西苗寨历史文脉的现实载体。村内古巷道、古树、古井、古桥等历史古迹保存完好，见证着这座古村落的历史变迁。400多年以来，迁徙于此的梁氏一族成为芭蕉坪从无到有、从有到兴的最好历史见证。

明朝洪武年间（约1388年前后），伴随着历史上“湖广填四川”“江西填湖南”的大迁徙洪流，梁氏部分祖先携带子孙迁到湖南桃源境内的老祖溪定居，男耕女织，传宗传代。明朝末年（约1620年前后），定居于桃源的梁姓家族繁衍至“国”字辈，时有国元、国泰、国安等祖先，令一子（“泰”字辈）携男带女迁至湘西泸溪境内的浦市暂居十数年，尔后举家再迁到梁家潭安居立寨，开垦耕地，繁衍后代。

清朝康熙年间（约1715年前后），安居在梁家潭的梁氏“民”字辈，为避免田土之争，又举族北迁：老大迁至吉首鸭子寨定居；老二迁至老屋场（现梁家坡南侧）繁衍；老三迁至吉首毛坪立寨；老四迁吉首补锅塘生息。直至乾隆初年（约1738年），居住在老屋场的“民”字辈老祖宗养育了“茂”字辈先祖共五人，感到老屋场田少山多，子媳众多，难以养生。一日，当地梁姓的老祖宗带领五个儿子去寨后的山坡上商议兄弟分居、分创基业的生计大事。商议决定，一人留守老屋场，继承祖业，一人移下湾另谋生计，一人迁至湾潭，另开基业，一人北迁至如今的芭蕉坪村斗篷界，开山立寨，繁衍香火。传说这位北迁的梁氏先祖一行穿过竹林，来到大坪坨前，遇见后山的桐木坪有一户符姓人家，这户人家热情诚恳地挽留先祖众人。他们与符姓人家亲密相处，共同开发富山宝地，此后，先祖便将这瑞山宝地命名为斗篷界，这就是此寨寨名的由来。还有一人则西迁，在吉首安寨立业。此次分家为梁氏家族发展奠定了良好的基础，此后，族人为了纪念这次分徙，将此山命名为“梁氏分”。

民国初年，张、王、陈三姓迁入村寨。20世纪60年代，王姓人家迁至桌子潭。梁、张、陈三姓和睦相处。随着人口增多，人们搬至附近其他地方立寨，村落规模逐渐扩大，后为便于行政划分与管理，将五个自然寨合并成现在的芭蕉坪村。

## （三）村落人口

芭蕉坪全村由4个村民小组5个自然寨构成，共417户1479人，村落主要由张、梁、陈三大姓氏组成，苗族占比95%，其他为土家族和汉族，是一个典型的少数民族村落。

## （四）物产与特色产业

芭蕉坪村水源充足、土地肥沃、山地资源好，该村利用自然条件优势，发展养殖业、种植业与旅游业等特色产业，实现了脱贫攻坚与乡村振兴的有机结合。

全村成立生猪养殖、油茶种植、茶叶种植合作社3个，通过合作社引进新技术，新饲养方法，推动全村种养业发展，带动有能力村民发展种养业，带动建档立卡户参加合作社劳动，由合作社支付劳动报酬，提高村民收入。目前，该村有生猪养殖大户5户，年出栏1000头；养羊大户14户，年出栏1000只；林下养鸡大户4户，年出笼3000只；茶叶种植大户1户，种植面积500亩。该村发展的手工艺品产业除苗族挑花（俗称数纱）外，还传承有绣花麻裙、绣花鞋、竹编、草编等。竹编主要是竹篓、竹筛等，草编主要是草鞋。目前从事数纱、麻裙、花鞋工艺的有54人，从事竹编草编16人。从事苗族挑花妇女有46人，年销售挑花头帕、花鞋等3万元。村民张宗亮利用本村传统草鞋编织创业，动员村民从事草鞋编织，通过电商销售，年收入20万元，带动村民脱贫致富。

## （五）经济社会发展状况

近年来，芭蕉坪村大力发展特色优势产业，成功实现脱贫，村内基础设施条件、公共服务水平和精神文明建设也得到有效提升。

村内文化墙（方玉萍　摄）

芭蕉坪村支“两委”班子配备齐全，村规民约制度健全，村风民风淳朴，群众自觉性高，全村于2019年实现脱贫。随着精准扶贫政策的深入开展，芭蕉坪村实现了从资金扶助到产业扶贫再到产业兴旺。基础设施建设上，芭蕉坪实现了道路交通、给水、排水、电力电信、环保环卫、消防设施等方面的有效完善。泸溪县至古丈县的道路，已完成水泥路面硬化，村内主干道大部分完成了水泥路面改造，五个自然寨已全部修通水泥硬化公路，修建了3.5公里的产业路，村有乡级道路，宽度约为4米，全村道路硬化率占80％。村间道路为石板铺成，多为层级阶梯状，错落有致，还未进行硬化。村民饮水的主要来源为井水、自来水，以自来水为主，全村自来水已经100％覆盖，水源比较充足，没有饮水困难。全村安装路灯40盏，新建排洪渠道1000米。随着电力及网络化的普及，电网供电人口覆盖率100％，村内已通有线电视，部分农户已自行拉通网线，通过信号接收器收取电视信号，移动通信已经实现全部覆盖。全村垃圾集中处理率为100%，村落卫生环境得到有效改善。

乡村振兴，乡风文明是保障。全面建成小康社会，就必须坚持物质文明与精神文明一起抓，提升农民精神风貌，培育文明乡风、良好家风、淳朴民风，不断提高乡村社会文明程度，全力提升农村公共服务水平。目前，该村已建成两个具备停车、开展大型活动等功能的文化广场，建有一个高标准的文化活动中心，每个自然寨安装有大喇叭，每日定时播报时事新闻。芭蕉坪村有标准化小学一所，为学龄儿童教育提供了基本保障，学龄儿童入学率达100%。村内现有村卫生室一所，新农合参保率达99%，建有公厕2座。此外，政府部门划拨项目资金52万元用于村间道路亮化、修建村文化墙（100多米）、文化活动中心建设、慰问妇女儿童和贫困老党员等。

芭蕉坪村还把发展作为促进民族团结的总钥匙，切实做好少数民族经济社会的各项工作。芭蕉坪村苗族人口占全村人口95%，长期以来的民族交往交流交融，使该村苗汉民族关系团结和谐。各级党委高度重视民族地区法治宣传教育，特别注重芭蕉坪村这种民族聚居村的精神文明创建活动，芭蕉坪村各族群众法治意识强，通过正常渠道解决纠纷矛盾、表达诉求，人人遵纪守法。自2003年县原民族事务局联系本村后，便定期到村组织开展民族团结进步宣传教育活动。每年“三月三”挑葱节，县民宗部门联合县法治宣传部门到节日现场摆摊设点，举办民族政策、法律法规基本常识宣传活动。村委会采取“走出去、请进来”方式，开展民族团结联防、联治、联

学习宣传民族政策（芭蕉坪村工作人员　供图）

村宣传展板（方玉萍　摄）

调、联谊的"四联"活动，增进村寨安定团结。截至2018年，共制作民族团结宣传固定标语12幅，宣传展板4块，宣传墙1处。辖区村寨团结和睦，连续20年无村民犯罪被追究刑事责任。近年来，芭蕉坪村先后获得"全州精神文明建设先进村""全县同心美丽乡村示范村"等荣誉称号，为民族地区发展作出了重要贡献。

## 二、文化遗产

### （一）物质文化遗产

芭蕉坪自入选"湖南省少数民族特色村寨"后，便对村寨物质文化遗产进行保护建设，制定村规民约，实施民居保护，加强规划管理。至今，中心自然寨物质文化遗产保护和管理扎实有效，尚存文保建筑1栋、传统风貌建筑118栋、古井2处、古桥1处、古树群1处等多处历史遗迹。

**1. 清代接龙桥**

两条苗语叫"窝嫂""窝咱"的小溪从村口一直流入村内，横跨于溪上的接龙桥便是收紧袋口的美丽束带，成为进村的必经之道，也是全村建筑的亮点，芭蕉坪村的标志。接龙桥原名万善桥，此桥修建在村落两条小溪交汇处，下为石拱上为阁楼，俗称风雨桥。相关文献资料显示，该桥筹建于1906年，也就是清光绪三十二年，由村落时任族首张高清率族人集三村五寨之力、聚四面八方之财修建。修桥时向村民筹工筹料，向社会化缘募捐筹资，募捐远至常德、铜仁。该桥建筑纯粹用苗族古建筑工艺，集苗族石匠工艺和苗族木工工艺于一体，桥拱石块用糯米石灰浆黏合，桥上采用吊脚楼和走马楼式木质建筑连接，中部设八角楼，屋顶均盖小青瓦，飞檐雕龙画凤，集苗族古建筑艺术于一体。风雨桥修建后将榔木界和雷公界两座大山与云长界连接在一起，堵住了水口，并形成木楼石拱与溪水水天一色的美景。建桥时取名万善桥。20世纪60年代，万善桥被毁坏，失去其特色。由于久负盛名，又为州内少有的石拱风雨桥，且省、州、县史料皆有图文记载，2002年7月，在县政府支持、各单位资助下，由村委组织加固其基础，重新按原貌修复。全桥除顶部椽皮用钉外，其余未用一根铁钉，并根据山水连接的风景情况改名为接龙桥。

接龙桥下部是单拱石桥基，上部是木结构的风雨廊道。与其他风雨桥有所不同，接龙桥左右两端各有一吊脚楼横跨于石阶之上，廊道正中建八角攒尖采光顶，整体构图稳重而轻盈，亭台楼阁和采光顶的设置更使廊桥内部的光影和空间丰富多变。从两端吊脚楼的开口处走上台阶，台阶处两侧视线封闭，前方桥面的丰富光影迅速把人引导至桥面。桥面上建架空木柱廊，两侧各有柱两列，视线开阔，两列柱间设有可供人休憩的长条木凳，凭栏远望可见山色悠悠、溪水潺潺。桥面正中采光顶下更是空间变化的最高潮，两侧是山水美景，顶光透过精致的八角天窗洒下，

接龙桥（芭蕉坪村工作人员　供图）

连成一体的接龙桥、码头（刘璐　摄）

村间石板路（方玉萍　摄）

为青山绿水更增添了一道崇高而神秘的美感。位于桥中部的八角楼在当地又被称为八卦楼，是因为八角楼天花板上刻着八卦中的乾、坤二卦，象征着天与地。通过桥面可进入吊脚楼，里面是村民们简单的供奉祭祀场所。每年特定时间，会有村民来此祈福求平安。与小房间正对着的是一处戏台，以前人们没有什么多余的休闲活动来消磨时间，便会一起聚在桥上唱戏、看戏并以此来打发时间。

平日里桥上总有背着背篓的居民来来往往，节庆日这里更是人们对歌、祭祀、表演等活动的重要场所。接龙桥历经百年风雨沧桑，见证了芭蕉坪村的兴衰故事，是苗族建筑、宗教、民俗文化的集中体现。

**2. 特色民居**

当地人多居住在山区，山高林密，方便就地取材修筑民居，黄土墙黑瓦房和古香古色的吊脚楼便成为当地苗族民居的主要式样。曾经当地的一些富裕人家修筑砖石砌的带风火墙壁的四合院落，宽敞而幽深。一些贫寒的人家也修筑简陋的竹楼、低矮的石板屋和树皮盖顶的茅屋。当前芭蕉坪村民居主体部分仍是黑瓦房、吊脚楼。

黑瓦房通常分五柱四挂和四柱三挂。木质结构，两侧用竹子编封外糊泥墙。木板房上盖小青瓦，梁柱板壁全用桐油反复涂抹，风吹日晒，乌黑发亮。屋前砌有青石板小坪，搁有农具、风车等，屋前后栽有凤尾竹，枫香树或芭蕉林。进门跨过“虎口”是堂屋。正中埋有“龙宝”，堂上供有“家先”（祖先牌位）；左侧厢房筑有青石火塘，供炒菜煮饭，右侧厢房摆放家具；左右厢房靠后都摆有两张大床，外用青色蓝色土布大蚊帐罩住；帐内设有壁柜，主人家凡值钱的东西多藏在大蚊帐壁柜内。

小青瓦屋顶（刘璐　摄）

特色吊脚楼(刘璐　摄)

苗族的吊脚楼飞檐翘角,三面有走廊,悬出木质栏杆。栏杆雕有万字格、喜字格、亚字格等象征吉祥如意的图案。悬柱有八棱形、四方形,底端常雕绣球、金瓜等形状。吊脚楼通常分两层,上下铺楼板,壁板油漆发光。楼上择通风向阳处开窗。窗棂花形千姿百态,有双凤朝阳、喜鹊闹海、狮子滚球等。吊脚楼的下层多作贮藏粮食的谷仓或摆放家具农具。楼上则为主人居室或客房。楼外长廊为妇女们绣花、挑纱、织锦、打花带、晾纱、晾衣的场所,和土家吊脚楼不同,苗家吊脚楼上楼的梯子一般设在屋内,而不像土家吊脚楼设在屋外。

不论是黑瓦房还是吊脚楼,苗族民居照例都少不了青石火塘。火塘上悬有木杆,挂满了熏黑的腊肉、腊肠等腊味,火塘中间立有生铁铸的三脚架。每当夜幕降临,劳作归来的人们围着火塘煮饭炒菜,跳动的火苗映红一张张淳朴和善的笑脸。如遇亲朋好友来访串门,围火塘饮酒放歌,唱一曲古老、煽情的山村野调,更是趣味无穷。

## (二) 非物质文化遗产

芭蕉坪是典型的苗族村落,历史悠久,传统文化习俗保存完好,有“三月三”、苗族跳香等传统的苗族庆典活动,以及口咬火犁、团圆鼓、苗歌等传统文化表演,还有数纱、苗饰等传统服饰,很多传统习俗文化已经列入各级非物质文化遗产项目名录。

### 1.“三月三”

“三月三”节庆是从苗族古老的反映男女青年相恋相爱的“挑葱会”演化而来。相传,一对年轻男女互相爱上了对方,由于并不门当户对,双方家族不同意这对年轻男女在一起。然而双方爱得深沉，便相约在每年农历三月三这天对歌来抒发对对方的爱慕之情以及相思之苦。但不幸双方家族的长辈知晓了此事，便责骂这对年轻男女，且欲惩罚他们。又过了一年，在三月三这天，这对年轻男女用山歌倾诉衷情，表明生死相恋、永不分离的决心。随后这对恋人便逃到后山密林中，族人闻讯四处寻找，面对亲人的追赶，他们无路可逃，只得在悲情的山歌中双双跳崖殉情。后来的年轻男女们在那对恋人最后所处的山坡上，相互对歌，相亲相爱，用山歌、苗歌表达对这对恋人的感佩之情，久而久之，就形成了"三月三"这一特殊节日。在"三月三"这天，众多年轻苗家男女云集此地，放声欢歌，互相倾诉爱慕之情，在这天结缘成婚、组成家庭者很多，于是这个习俗就这样传了下来。

清朝，芭蕉坪与邻近的乾城(今吉首)辖区村寨为一处山界争执不休，历时数十年，后在官府和其他村落的调解下达成协议，划清了地界。为了后代和睦相处，双方商议把"三月三"挑葱会搬到地界上的一座小山包举办，一直延续到1965年。1979年时隔多年再度举办"三月三"节庆时将节庆活动地点确定在芭蕉坪村接龙桥边。"三月三"节庆的举办使一批民间民俗文化得到保持和恢复。节日活动内容有苗族迎客拦门、山(苗)歌会、舞狮舞龙、民间体育、传统民俗文化表演、篝火晚会等，每年参加节会人数多可达数万。芭蕉坪村的"三月三"节庆已进入湘西州非遗名录，被确定为州内固定的苗族传统节日。

**2. 十月跳香**

东汉王逸《楚辞章句》云："昔楚国南郢之邑，沅湘之间，其俗信鬼而好祠，其祠必作歌乐鼓舞以乐诸神。"从屈原的《九歌》记述的内容来看，祭祀的时间是秋天，祭祀的神和主持仪式的人等与跳香是相同的。由此可推断，跳香的程式，最迟在战国时期已基本定型了。由于农耕文化的发展和商业的繁荣，跳香的程式在传承中不断完善和成熟。跳香除了祭祖之外，还酬谢很多神灵，但主要的还是傩公、傩母。跳香节集巫教法事、老司唱

跳香工具(方玉萍　摄)

词、法事打击吹管乐、祭祀舞蹈、农事舞蹈于一体,既有组织者,又有参与者,既有领舞者,也有参加跳舞的参与群体。较为完整地反映了瓦乡人信神敬神、求神灵庇佑平安、赐予五谷丰登的心灵祈盼。随着社会发展进步,各民族交往交流交融,跳香也融进苗族村寨的节日和祭祀活动中。谈起跳香节的由来,当地人有两种说法:一是祭祀盘瓠的盛大节日,二是与东汉马援将军征“五溪蛮”有关。相传一日,兵败的马援逃到一座庙里,正遇见在此隐居的苗兵首领耿氏娘娘。马援请求耿氏娘娘去攻打南海,她不敢违抗朝廷命令,又不愿残杀自己的同胞,便派人给南海发出联络信号,这种信号其他人听不懂,这就成了瓦乡话的来历。南海的许多人听到耿氏娘娘派人发出的信号后逃走,余下的人也投降到耿氏娘娘的门下。为了庆祝胜利,当地每家每户老百姓制作一种“香豆腐”分给军士吃,人们也欢乐地跳起“跳香舞”给军士看。这一天正是农历十月十一日。后人为了纪念这个胜利的日子,每年这一天便举行聚会,大家跳起舞,名曰“跳香舞”,久而久之便形成了传统的跳香节。

跳香,一则庆祝当年五谷丰登,感谢各方神灵庇佑;二则是祈求来年风调雨顺、五谷丰登、驱邪祛灾、六畜兴旺、人丁安宁。芭蕉坪跳香是在跳香殿内外进行,跳香殿设神台,家家户户把事先做好的香糍粑、香豆腐摆放在神台上。糍粑用象征着金银的糯米、粟米做成狗、牛、猪、羊、龟形状,还会将小香粑叠放成宝塔状。与跳香相关的仪式用品有绺旗、司刀、牛角;打击乐器有锣鼓、云锣;吹奏乐器有唢呐、长号等。跳香主持素以“天传天教、地传地教、人传人教”的苗老司为主角,世代传承的方式是口耳相传,而绺旗则是传承的重要证据,没有绺旗的苗老司不能主持跳香。如今泸溪县芭蕉坪村的张启荣是省级非物质文化遗产苗族跳香的代表性传承人,他16岁跟随本村苗老司杨有发学习跳香祭祀、道场发事、还傩愿等巫傩技艺,35岁正式从业至今。

### 3. 团圆鼓,庆丰收

团圆鼓是该村古老的集体歌舞,集鼓、舞、歌为一体,始于清朝初期。这种舞往往在每年正月十五、八月十五以及各种节日活动中表演。正月跳鼓舞预祝一年风调雨顺,丰收有望,外出一帆风顺,生意大发;八月十五跳鼓舞庆贺丰收,家人满载而归团圆相聚。团圆鼓表演形式为:一人在坪场中打鼓,众人环圈顺时针或逆时针方向,按鼓点节奏跳舞,边跳边唱苗歌,轮流演唱。表演动作均为劳作动作,晃手摆腰是团圆鼓舞独有的韵律和风格。这种鼓舞不计人数,在跳舞者邀请下,参加跳舞的人越来越多,气氛异常热烈,由于这种跳舞围着圆圈起舞,故称团圆鼓舞。发源于该村落的团圆鼓舞与跳香舞一样,已成为泸溪县民俗文化舞蹈的主要节目,已进入广场文化和校园文化活动之中。目前只要是大众化节庆活动,团圆鼓舞是必然表演的节目之一。苗族团圆鼓舞已列入湘西州非物质文化

团圆鼓(芭蕉坪村工作人员　供图)

数纱、做鞋(芭蕉坪村工作人员　供图)

遗产名录，芭蕉坪村的传承人有张秀英等人。

### 4. 苗族挑花

苗族挑花，以家织布为材料，用青线穿针在白布上所选位置进行起针，每一针穿过白布的是三根纱线，底下留下四根纱线，按十字形构成各种图案。图案多为枫叶、蝙蝠、飞蛾，也有挑字的，如“黄金万两”“福”等。一根长4米的白布头帕，分段挑上三至四处图案，一个图案占0.4～0.5米，两端挑狗牙图案锁边，右端吊白须线，由于图案是通过挑白布纱线而形成，故又名数纱。苗族挑花，是泸溪县独特的民间手工工艺，已进入国家级非物质文化遗产名录。目前芭蕉坪村的挑花传承人有张富花等。挑花多用于头帕、围裙。头帕，又称“苗帕”，是苗族男女缠戴的，各地苗族人所戴头帕长短不一，长的可达数丈。相传上古时代，蚩尤九黎部落战败后，苗族先民就处于不断迁徙的状态，一直到近代部分苗族还处于迁徙状态。在不断的迁徙过程中渐渐形成了将布匹蚕丝缠裹在头上、将金银珠宝披挂在身上的习惯，从而便于携带。于是布匹蚕丝渐渐演化成了现在的头帕；而披挂在身上以及头上的金银演变成了现在的苗族银饰。又由于苗族男子要随时准备与敌人作战，所以着装比较简便，而银饰主要披挂在妇女和儿童身上。中华人民共和国成立后，实

彩绣麻裙（芭蕉坪村工作人员　供图）

集体学习和传授挑花工艺
（芭蕉坪村工作人员　供图）

现了民族大团结，苗族人也渐渐改变了过去的装束，大家基本上都穿着现代服装，只有在节日盛典时才穿着苗装，包头帕。

**5. 口咬火犁尖**

口咬火犁尖是芭蕉坪村民间文化之一，常在民族节日活动时表演。表演时苗老司在公众面前展示其过人的“功夫”，将一张犁口的犁尖置于主家的火坑中用大火烧红，苗老司用铁钳夹住犁口后端，用司刀圈住犁头前端，将犁尖用牙齿咬住围着事主（患天狗煞者）转圈，连续咬三次犁口即成。

**6. 赶秋节**

赶秋节为湘西苗族人民的大型传统喜庆节日，“晨露赶秋场，日暮过山岗”是人们一天的写照。每年立秋日，苗族人民都要停下农活，身穿节日盛装，邀友结伴，兴高采烈地从四面八方汇集到传统的“秋场”去“赶秋”。条条山路上熙熙攘攘，人流不息，人们唱苗歌、吹唢呐、舞狮子、打花鼓、打猴儿鼓、上刀梯、荡八人秋千，热闹异常。

椎牛为苗族人民在赶秋节时举办的传统活动。事前，主人需选购一头四膀有旋，耳、眼、鼻、口、角俱完整美观的上好水牯牛。届时，在宽坪中树一根涂以五彩的龙凤花柱，以麻绳穿牛鼻，系上篾圈套于花柱上。通常情况下，会以椎牛分割牛肉为结束，意为庆祝丰收。晚上，要举行跳鼓，唱歌，通宵达旦。赶秋活动结束，余兴未完，青年男女便三三两两相邀去赶场，在场边，在田头地尾，在树荫脚下，对歌讲悄悄话，互赠信物，定下终身。

**7. “接龙”祈福**

当地苗族民居落成，通常要举行传统的“接龙”仪式消灾祈福，祈祷保佑家庭五谷丰登、六畜兴旺。“接龙”可分为大型的村寨接龙和小型的家庭接龙，两种活动仅是规模大小有别，其过程基本相同。

“接龙”多在黎明时分进行，仪式隆重而热闹，新居的堂屋燃满灯烛，铺开大竹簟，摆好红、黄、黑、白、青五匹彩布、五色纸，闪亮的银饰，花绿的苗服，“龙粑”酒肉等祭品。祭祀开始时，身着大红袍的领头人一手舞铜铃，一手舞绺巾，绕祭坛狂跳，嘴里念念有词。充当“龙女”的女主人则着盛装，佩戴各种银饰静坐一旁。领头人从龙的始祖唱到龙子龙孙，虔诚地代主人向龙神祈祷。仪式完毕后，众人扯起五彩布，跟着领头人去小溪或水井边取回一壶“龙水”交给盛装的女主人提回家，众人吹吹打打，簇拥相随，这样就算把“龙”接回了家里。

## 三、自然资源

芭蕉坪村被青山绿水包裹。村东头的土地堂山包上自然生长着榔木树、黄栎树、青冈树、枫香树等四十多株珍稀树种，是村民休闲纳凉之地，此处现建有休闲场。附近还有一片原始次生林，面积达120多亩，林间有小道可通行。

村落选址在一片缓坡上，依“天地人神”的布局方式与自然植被相匹配，层层民居，由虎头岭向坡脚下延伸，清一色全木结构青瓦盖顶的木房一幢接着一幢。一条石板铺就的石阶从村头延伸到村尾，再从村中向两侧延伸，呈“十字”形状。远观芭蕉坪，整个村子自然风貌格局可以概括为“两水夹一叶，一坪挑三山”。“两水”指的是窝嫂溪、窝咱溪以及汇合之后的冲溪，两溪交汇，绕村而流。“一叶”指的是芭蕉坪村落，村落的内部格局正如其名，房屋层层堆砌，依山而上，如一片展开的芭蕉叶，中间的青石板步行

寨子北侧古树群休闲区（刘璐　摄）

石阶从山脚一直延伸至山顶，如同叶柄，蔓延每层的步行道如叶脉一般，村落夹于两水交汇之处。“一坪挑三山”指的是位于村落东侧的云上坪梯田，以及围绕村落及云上坪的青山、斗篷山、雷夯山三座山峰。小溪西北岸，一支高大山脉从天边起伏东下，临近溪岸突现一伞状的高耸山岭，青松翠柏掩映着，活似一顶硕大无比能遮风挡雨的大斗篷，这便是“三山”中的斗篷山，护佑着翠竹环绕的屋基大坪坨。小溪东西两岸，重重峻岭，恰似条条巨龙蜿蜒南下，溪岸相会，共同守护着南端的水口，北面也是高山峻岭，一条小溪从夹山中汩汩而来。

（本章由吴开松、方玉萍撰写）

# 第五章　张家坪村

张家坪村坐落于武陵山脉南麓，村中林木资源丰富，仲溪由天桥山主峰流出，将全村10个自然寨一分为二，全村301户人家靠山聚集、沿水分布，呈现出大群居、小聚居的独特居住特点。张家坪村始建于明初永乐时期，村内80%的建筑以木质吊脚楼为主，有明末清初祠堂及庙宇数处，并存的还有众多古桥、古井等历史建筑，具有典型的湘西传统村落风貌，且与所在地形、地貌等山水自然风光相映成趣。2019年6月，张家坪村被列入第五批中国传统村落名录，成为武陵山区社会文化发展的典型代表。

# 一、村落概况

## （一）地理生态环境

张家坪村位于湘西土家族苗族自治州泸溪县北部洗溪镇，距离镇政府驻地7公里，距离泸溪县政府驻地33公里，属亚热带季风湿润气候，但又具有明显的大陆性气候特征。既水热同季、暖湿多雨，又冬暖夏凉、四季分明、降水充沛。年均降水量为1350毫米，年日照时间为1490小时，无霜期为273天，年平均气温14.8℃。张家坪村背靠天桥山，天桥山有四道自然水系分别经过岩塘、曹家、石家寨，然后汇聚成仲溪，将村域一分为二，贯穿全境。村落最高海拔776米，四周高山环绕，磷矿、硫铁矿、钒矿等矿产资源丰富。张家坪村被誉为森林村庄，森林覆盖率达到96％以上，以杉树、松树为主。其中，国家级公益林1500亩、省级公益林11000亩。

张家坪村四处核心自然寨山地格局虽各有不同，但均结构完整，自成体系。张家坪自然寨地处梯田，层层拾级而上，布局井然有序，隐于仲溪边而需柳暗花明得见；高家自然寨规模虽小，却格局完整，坐北朝南，梯田溪水环绕，寨口参天古树青龙台庇佑全寨，整体格局颇具意味；新岩寨地处村落中心位，村落南北及东西向布局均于此聚集，规模较大，格局完整，遵循了风水学中背山面水、负阴抱阳的理念；石家寨居于村落东南，紧邻天桥山自然保护区，地处山巅之上，村寨周边古木参天，宛如世外桃源。村寨均充分利用了山体地形的风水格局，反映了人与自然和谐共处的思想。张家坪村传统村落格局和整体景观风貌是以自然山水为基底，以民居建筑为载体，以人文景观为内涵的“一水十寨绕，庙高林木深”的整体格局。

## （二）村落来源

始建于明代的张家坪村，10个自然寨每个寨为一姓氏。村寨中江西移民最多。江西向湖南、湖北地区的移民最早开始于唐代，结束于清朝中期。元末明初，战乱不断、徭役繁重，加上连年天灾，湖南人口因死亡、充军、流散而锐减，出现大规模荒凉景象。朱元璋立国后，为了尽快恢复生产，发展经济，发起了历史上著名的“江西填湖广”（即指江西人口大量迁入湖广地区）。据统计，明代江西迁入湖广的人口占历代江西迁入湖广人口的63％以上，主要为江西北部和中部居民，尤以赣江中下游和鄱阳湖东部平原地区迁出的居民最多。在洪武年间湖南地区174万的人口中，江西籍的人口有69万。从这些数据可以看出明朝时期湖南人口的变化与江西地区人口迁移有很大关系。张家坪村中，以杨氏族谱记载最为清楚，其祖上从江西建昌府南丰县迁至泸溪县，随后分支形成本村杨氏。石氏族谱记载其祖先自江西吉安来此开荒谋生，反映了明初人口迁移的历史进程。龙氏一族对此也有记载，龙氏先祖原本有两兄弟，结伴从江西迁来此地，因中途迷路，兄弟二人走散。兄长龙显周来到张家坪定居，从此落地生根开枝散叶。据当地老人口述，多年后龙氏后人开始寻亲，发现湘西花垣也有龙姓人家，细问来历竟是同一族。

起初张家坪村以张氏、杨氏族人为主，高氏躬耕于高山更为偏僻的地方，由于辛勤劳作，慢慢发展壮大。历史上当地家族之间有过多次冲突。最后才慢慢和睦相处，生生不息。

中华人民共和国成立前张家坪村隶属和安乡，后划归梁家潭乡椰木溪村，又于1958年划归洗溪公社，设张家坪生产大队，于1984年改设张家坪村。

## (三)村落人口

张家坪村现有10个自然村寨,共301户人家,1113人。其中苗族人口占全村人口的90%,土家族人口占8%,汉族人口占2%。

## (四)物产与特色产业

泸溪县属沅江流域,县内有大片原始森林自然保护区,域内河流众多,水源充足。张家坪村村民在这里耕作、繁衍生息,创造了形式多样、内涵丰富的民俗风情,久沿成习。村内无商业集市,村民每月5日、10日赴洗溪镇集市赶集,购买日常生活日用品。

木质打谷机(张家坪村工作人员 供图)

熏制腊肉(张家坪村工作人员 供图)

改革开放前,张家坪村自给自足的小农经济特征明显。村里家家都有传统的木制打谷机,夏季水稻丰收,家里几个年轻力壮的小伙子会一起将打谷机抬出屋外,搬至农田,将收割上来的水稻秆倒插进打谷机进稻口。待稻谷收集完毕,水稻秆就成了田间的稻草,稻草既可以焚烧当柴火，又可当土地肥料。

张家坪村鱼类资源丰富，捕鱼自然成了村中另一种劳动乐趣和生计。春夏两季是捕鱼旺季，村民们早上务农前，会先在河中下好渔网，然后再去田间做农活，下午收工时再来河边收网，将大鱼留下小鱼放生。

张家坪村还有熏制腊肉的习俗，且其制作腊肉有独特的工艺和手法。每年一到冬至，家家户户都要杀年猪，做腊肉。把新鲜的猪肉切成条状，将盐在锅中炒热后放入适量花椒，待肉抹上盐后放入大水缸，再将棕叶上放好石头进行压制。一个星期左右把肉从水缸中取出，在肉上打孔，让棕叶从中穿过，然后挂于火坑之上、农家堂屋之间。最后把腌好晾干的肉条挂在火塘上面高高的屋梁上，利用火塘上升的青烟自然熏制肉条。这样烟熏的时间长，过程缓慢而充分，加之燃烧的树蔸或树桩不少都有特殊的香味，使腊肉口味咸香，油而不腻，嚼在口里满嘴生津，齿颊留香。

张家坪村气温适宜，花草漫山遍野，村民种植油菜花，非常有利于养蜂。良好的自然条件，加上传承百年的养蜂技术，更使张家坪村传统土蜂蜜在市场上受广大消费者的青睐。于是，村里发展蜜蜂养殖产业，将产下来的蜂蜜放入罐中储藏，或者在市面上出售，或者寄送给远方的亲人。

## （五）经济社会发展状况

2018年以来，驻村工作队带动陈家坪村发展生猪、林下鸡、稻花鱼养殖，水稻、油菜、黄精、黄桃以及蓝莓等产业种植，开展产业培训与考察学习，为贫困户送苗、送技术指导，带领贫困户发展小型家庭牧场，实施养猪奖补，同时鼓励在村贫困户实施产业、基础设施建设务工，全村贫困户每年人均增收1500元以上。同时加强就业转移服务，及时在村群中提供就业信息，入户宣传招工，就业技能培训等信息，帮助贫困户就业。经过帮扶，全村贫困户年人均收入已由2016年的2979元提高到2019年的

9743.8元，是2016年的3倍多，如期完成了全村101户410名贫困人口脱贫任务，贫困综合发生率由2016年的36.8%，下降至如今的0.72%，顺利实现“脱贫村出列”。

多年来，村里注重能人培养，通过“请进来”与“走出去”的方式，多次邀请省畜牧部门生猪、林下鸡养殖专家，省农业科学院蓝莓种植专家以及花垣锦绣黄桃种植专家来村为村民传授养殖及种植技术，并到农户家指导生猪栏舍建设、饲料喂养和疾病防控消毒工作。

传统文化搭台，发展旅游经济唱戏。张家坪村文化遗产丰富，其中特色鲜明且传承良好的有跳香、数纱、辰河高腔、咬火犁尖等。同时，该村祠堂及庙宇众多，祭祀、大庙会等活动人声鼎沸，苗乡共有的印染、剪纸、挑花、刺绣、扎花、纳袜底、打鞋垫、织彩带等民间工艺习俗传承至今。农历二月春社日，每家每户“掐社菜”“挖野葱”“煮社饭”，然后扫墓、垒坟、祭祖，农历三月初三“吃鸡蛋”。民俗文化充满生机活力，对打造文化品牌、做强当地旅游业、推动地方经济建设等具备较高的社会价值。

为此，张家坪村以传统村落建设为契机，从保护和利用历史文化遗产、发展精品旅游、改善居民生活环境入手，在全面保护张家坪村传统村落风貌和历史建筑的前提下，发挥村落的优势，突出特色，综合考虑生态环境、资源优化，坚持乡村休闲游与发展特色产业相结合，统筹资金420余万元发展旅游产业。打造新岩、石家寨爬山、溯溪、民宿项目，建成蓝莓采摘园35亩，收益达每亩5000元，黄桃采摘园20余亩，收益达每亩3000元。坚持短期效益产业与长期效益产业相结合，短期效益产业促脱贫，长期效益产业保巩固，按照县里“一村一品”要求发展铁骨猪养殖，共饲养铁骨猪300余头，因户施策，坚持大规模发展集体经济和小规模家庭牧场相结合，发展大规模的产业作为集体经济的补充，已建成特色产业采摘园3个(蓝莓、黄桃，板栗)，体验式游玩基地1个(稻花鱼)，同时鼓励贫困户发展家庭牧场，发展传统产业保证增收。

这一系列举措使村民们的钱袋子更鼓了，获得感、幸福感不断提升。

## 二、文化遗产

### （一）物质文化遗产

张家坪村是体现苗族古建筑群布局的典型代表。由于地远人稀，张家坪村多处苗族传统建筑群落整体风貌完好，房屋鳞次栉比，层层向上、向左、向右延伸，形成双井叠加形或棋盘形道路，每条道路可互通循环，且四处核心自然寨各有不同，木构建筑有三柱四挂、四排三间的单层穿斗式，也有第二层外设悬三面走廊的吊脚楼，对于研究明清时期迁徙落户的多氏族村落具备较高的科学价值。张家坪村中传统建筑占比达80%以上，基本上涵盖清代至现代的建筑类型，多由木结构建筑和砖混结构建筑组成。由于地处木材丰富的湘西山区，所以木结构建筑占比较大，达到总面积的94.72%。现保存较完好的古老建筑有88栋，其中清代建筑2栋，民国建筑4栋。

木房为全木结构，柱、梁、门、地板等均为木质，屋顶盖瓦。其中包括三柱四挂和四排三间的木结构穿斗式房屋，正中为堂屋，左右两间作居室、厨房。每间房屋以中柱为界，分为前后两室。头间前室一般作起居、客厅之用，在架空离地约一尺高处安装木地板，内设火床（即火坑）。头间后室进深不过三步左右，是为卧室。又因山区建房常选在溪边坎上，加盖“偏厦”，屋内场地不够，只能悬空挑梁、穿枋延伸，吊脚建屋而居。久而久之，传承至今，便成了现在的特色民居——吊脚楼。

吊脚楼（付倩　摄）

吊脚楼分为两层，第二层外设悬三面走

廊称“走马楼”。走廊栏杆的雕刻为网格形,悬柱为绣球形,山野气息十分浓郁。第一层为堆放杂物及日常生活用品之处。吊脚楼的线条无论梁、柱、标、模,都互相垂直相交,构成了一个在三维空间上相互垂直的网络体系。另外,吊脚枝一般设有走栏,大多用镶花栏杆做成美人靠,走栏的吊柱悬挂于空,将其雕刻成金瓜或荷花,使之刚柔相济,和谐而优美。吊脚楼“头重脚轻”的布局,使人感到摇摇欲坠,但当它同建在实地上的正屋连在一起时,则互相呼应,使整个建筑物十分协调。

吊脚的面是长方形和三角形的组合,这两种几何图形给人一种端庄刚劲的感觉。“端庄”表现了一种典雅灵秀之美,“刚劲”表现了一种挺拔健劲之美。

最直观的就是吊脚楼门、窗上的装饰细节和石柱上的石刻。木窗雕花这种形式在湘西传统民居里运用得十分广泛,究其原因的话包括以下几点。一是湘西动植物种类多样,而且依山傍水,人们与自然的联系十分亲密,获取装饰元素的灵感易取自大自然。人们将这里的花、虫、鸟、兽通过简化或是组合置换的方式组成一个个具有祈福美好意愿的图案。二是湘西地区少数民族有鬼神巫术等崇拜情结,门窗雕花一方面是为了敬畏神灵,保佑自己及家人,另一方面是希望辟邪,驱逐厄运。三是雕花观赏性高,湘西地区木材资源丰富,雕刻技术先进,一般大户人家

木窗雕花(张家坪村工作人员　供图)

柱石雕花(张家坪村工作人员　供图)

都喜欢雕刻精致的木制窗花，以彰显自己的地位和财气。

雕花石刻装饰主要分为人物题材、动物类装饰和植物类装饰。

人物题材以古代传说、戏曲故事的图饰为主。人物题材的雕饰设计常常会配合窗扇的数量，如四片窗扇选“渔樵耕读”，八片窗扇选择“八仙”等。取自神仙人物题材的民间装饰元素包括神仙类如和合二仙、祈福天宫、十八罗汉、钟馗等；思想家如孔子、老子等。装饰与明清时期的小说、戏曲是同步发展的，因此，这种人物题材的装饰同样隐含着民间和世俗，反映了村民的精神世界，也体现了传统的伦理道德价值观念。此外，傩戏作为湘西当地的特色之一，是重要的祭祀、驱鬼活动。将各类的傩戏形象融入湘西民间的建筑装饰图案，显示了湘西特有的巫傩文化。

花鸟类雕花石刻（张家坪村工作人员　供图）

花果类雕花石刻（张家坪村工作人员　供图）

动物类装饰主要是禽兽鱼虫等动物的形象写实。常见的有喜鹊、蝙蝠、凤凰、鹿等，中国传统十二生肖在门窗纹饰中也十分常见。装饰多是取其吉祥的含义，如古人认为鸡日出而啼，是驱赶鬼魅的神物，且“鸡”又通“吉”字，借音阐义代表着吉祥如意，可作为镇宅之物。龙纹、麒麟纹在湘西民居装饰当中则比较少见。楚人喜欢以凤凰比作太阳，表现了对太阳的追崇和向往。总体看来，湘西民居中的动物类装饰纹样中以凤鸟纹和蝙蝠纹为主。

果木花卉是植物类门窗雕刻纹饰中经常出现的元素。牡丹因其雍容华贵，素有“国色天香”的美称，被视为富贵、幸福的象征。在中国传统装饰纹样中，把树木花卉艺术抽象成图案纹饰的相对少见，更多的是趋于写实的表现。人们常以葡萄藤蔓、忍冬草等作为其基础造型，使图案的线条感变得灵动。通过丰富图面的点、线、面关系，可以使整体图案更有节奏与韵律。这些纹样来源于生活，形式优美，做工精细，描绘出了万物生机勃勃、一片盎然的景象，同时体现了人们想要贴近自然的强烈愿望。

在张家坪村，五柱六挂的穿斗式木结构房屋同样普遍。这种房屋顶层设计为双面坡形，有利于更好地排水。顶尖下的房梁又能盖一层夹板，当作复式楼阁，不仅可以用来堆放杂物器具，夏天还可以避暑。这种房屋建造比一般的吊脚楼便宜，工艺简单、易于操作，只需要几根主要的房柱堆砌，是一般家庭首选的房屋样式。建造时全村每户出几人帮忙，选择良辰吉时上梁、唱梁、甩抛梁糍。亲戚朋友都前来祝贺，赠吉祥牌匾送来祝福。

房屋之间布局（付倩　摄）

张家坪村的天井是中国古人建筑智慧的结晶。虽然武陵山区冬春阴雨绵绵，但住在一楼的住户并不会感到阴暗甚至潮湿，这得益于天井的通风作用。天井在晴天能够充分吸收热量，防止屋内闷湿霉变，平衡屋内的热量循环，有冬暖夏凉的作用。一到雨季之时，雨水顺着房檐流入天井，天井再将雨水聚集排出院外，不仅起到排污的作用，还对室内空气与湿度的调节起到积极作用。天井下方的绿植更加蓬勃生长，从观赏性的角度来看，天井景观独一无二。

张家坪村高家寨曾经非常繁华热闹，主要原因有三点：一是很多人开店做生意；二是居民生活富足；三是农闲时，会有其他村的人来此游玩娱乐，人气很旺。

当地清朝时期建筑极有特色。张家坪村的高家寨整个村寨连在一起，用围墙围起，一个大门进，一个大门出，当时两扇门均派有青年守护，青年对进村人员进行盘查，防止居心不良之人混入村里，同时还具有防御作用。墙内各房屋毗邻相连，有很好的排水系统，相连之处以木槽将雨水接入排水沟里，排水沟用石头盖住，废水排出村外，走在村里不会被雨水淋湿。但因战乱等，现只剩下一片遗址。

张家坪村村内用于生产、消防、防御的古迹众多。

古井。村内有9处古井，普遍为清朝末期所修，结构单一，无过多的点缀，主要提供村落居民所需的日常生活用水，井深约1.5米，表面整齐光滑，三面为同一高度，留一侧相对较矮的面便于取水，最后在井面上铺整块石头作井盖，防止落叶等一些杂物落入井中。

古井（付倩　摄）

古桥。村内有2座古桥，分别位于新岩自然寨与抱儿坪自然寨，古桥以巨大石块建造，距今有300余年历史。

古庙。村域古庙众多，有位于新岩自然寨的殿拢庙、张家坪村边界的天桥山庙、抱儿坪的天王庙。庙坪自然寨的媳王宫庙是附近最大的道场，外墙采用青砖、屋顶采用小青瓦砌成。庙宇坐北朝南，占地面积约80平方米。古庙曾被严重损坏，20世纪80年代中，村民自筹资金在原址上按照原样予以修复。庙宇四面依山傍水，坡顶绿树环抱、空气清新。每年的三月三、六月十九、九月十九日为求香拜佛日，有来自八什坪、梁家潭、古丈甚至沅陵等地方的人上山拜佛。土地堂较小，通常位于村内，方便村民逢年过节简单进行祭拜。

古树。每个自然寨入口都有一棵古树寄托村民祈福的愿景。金桂、枣树、枫树、枫香等种类繁多，百年以上古树有近千棵，还有千年金桂、千年银杏群，树群年龄最高的已超过 1800 年，成为村民的参祭对象，被村民挂以祈福带、祈福旗或祈福绳。现今的千年银杏古树群已成为人们休闲旅游的胜地。

土地堂。每个自然寨都至少有一个土地堂，规模较小，逢年过节便有村民前去，他们用烧香、挂飘带或彩旗等方式进行祭拜祈祷。

## （二）非物质文化遗产

张家坪村的非物质文化遗产随着其所处环境、与自然界的相互关系和历史条件的变化而不断创新、发展，并得到了村民们的尊重和弘扬。

通过对张家坪非物质文化遗产的传承现状和载体环境的调查、分析以及特色性与可发展性评价，地方戏曲、民间节庆、传统技艺等类型的重要非物质文化保护规划项目得以确定。张家坪村保留至今、传承较好的主要包括跳香、数纱、辰河高腔、咬火犁尖、祭祀等。

### 1. 跳香

苗族跳香是湖南省非物质文化遗产，活动往往参与规模大，传承规模大，是当地最具代表性的三大祭祀活动之一。张家坪村的跳香从农历九月中旬始至十月中旬止，隆重程度不亚于春节。跳香主要是庆祝当年五谷丰登，感谢各方神灵庇佑，其次是祈求来年风调雨顺、驱邪祛灾、六畜兴旺。跳香由苗老司主持，苗老司先在做东的村寨跳一天至三天，跳完这村跳那村，历时近月。张家坪村的苗老司龙永岩是传统跳香的第二十五代传人，家中有不少传承数百年的跳香工具。

跳香苗老司(付倩　摄)

跳香工具(付倩　摄)

每年跳香，村民们都充分准备，用新收的粮食酿酒、做豆腐、打粑粑，或是把新摘来的茶子榨油，供节日食用。活动当天，村寨请来能歌善舞的跳香苗老司，手握司刀，口吹牛角，伴着锣鼓声，在堂屋当中跳，跳到热闹时，苗老司单脚立在一匹茶枯饼上，长时间高速旋转。看热闹的群众则站在四周和大门口，四个经过一定练习的青年后生，手持捆着苞谷壳的竹棍，在四周跳来舞去，并不时发出模拟敲鼓和打荞的帮腔声。跳香都是在晚上进行，跳到半夜才收场。这一天，还兴“过香”，“过香”也叫“吃香”，就是一家人围在一起，品尝通过自己辛勤劳动换来的丰收果实，这时人们只吃土里长出的东西，严禁吃荤，以此来感谢五谷神献种之恩。

### 2. 赶秋、赶边边场

赶秋是每年农历六月十九在天桥山举行的盛大庙会活动，主要以礼佛祭拜、老人歌、杂技、表演等形式开展，在20世纪90年代以前更有流行的山歌对唱、放电影等形式，参与人数常常有上千人。

赶秋期间会表演游艺与杂技，有米缸里插秤杆，提起秤杆而米缸不掉；更有火热的杂技，如吞火、口咬火犁尖、火游全身而毫发无损等技艺，至今仍以活态形式传承，无须依托村落而能自立。一般在农历六月十九、七月初八等日期表演。

赶边边场是当地苗族青年唱苗歌表述心迹、传递情感的一种活动。苗歌博大精深、构式严谨、种类繁多，在激越高亢或委婉缠绵中表情达意。青年男女苗歌唱答时陶醉在一种艺术氛围中，求含蓄多比兴。赶边边场必须避开同宗父老兄弟，偶然相遇也必须马上规避，否则将被视为大不敬，同姓男女皆为兄弟姐妹，不能谈情说爱，更不能通婚。

### 3. 辰河高腔

辰河高腔完整地保留了民族和地方特色，具有广泛的群众基础，至今以活态形式得以保存。但是由于经费紧张、人才缺乏及受众局域化、老龄化等问题，现今辰河高腔已到了几乎失传的地步，只有少数民间剧团在艰难的生存条件下坚持演出。

百年历史，民风淳朴。张家坪村有着苗族聚居区特有的编织、印染、剪纸、挑花、刺绣、织彩带等民间工艺习俗，像衣服、被褥、蚊帐等生活用品，都是村民们自纺自织的。戴的帽子、穿的衣服、垫的袜底，都是村中心灵手巧的妇女制作的艺术品。村中至今仍有老人时常在家编织绣花。

### 4. 竹编

编织手工艺是当地苗族的一个特色，湘西的山上盛产竹子，竹海遍布。湘西竹编是湘西传统手工艺的典型代表，已有千余年历史，湘西竹编背篓、簸箕、米筛、床、椅、篼、凉席等，是当地人民必不可少的生产生活用品。竹编的工匠根据不同的竹器选用不同的竹子，他们会把采伐的竹子竹节削平，用篾刀反复剖成细篾、刮篾，使之大小厚薄均匀，然后进行染色。传统染色都采用植物的汁液，将果、叶或茎捣碎，取汁，浸染竹篾，然后将其阴干，即可编织多种图案，形成一件精致的工艺品。

竹编制品（张家坪村工作人员　供图）

湘西民间竹编不仅具有较高的工艺水平，而且还富有较深的竹编文化内涵与典故。代表湘西竹编文化内涵的是湘西苗家的背篓文化。湘西苗家背篓造型美观实用，有不少人认为，湘西是背篓的世界，也是背篓背出来的世界。自古以来当地就有“篓不离背”的民谚。一只花背篓，是一道风景、一种文化，体现着一个民族的风格，蕴含着千百年来湘西人民生活的机巧和智慧。就如麻阳的花背篓还是湘西人民陪嫁的必需品，其编织方法十分讲究。村民自己在家中编织的工具——竹筐，既可以在市集上出售，又可以放在家中自用，挂在房梁上轻便而节省空间。

## 三、自然资源

张家坪村的自然景观要素主要包括山林、田园、溪流、古树等。村后山势跌宕起伏（殿拢上、草树塘、塘包山、尖包山、天桥山），地势险要，战乱时有利于躲避入侵。村前溪水环绕，土地平坦肥沃，便于开垦耕种，适宜村民生产生活。

仲溪将全村一分为二。夏天溪水清凉、清澈见底，村民劳作时，也常会饮用解渴，溪流哺育了一代代村民。

全村森林资源丰富，以杉树、松树为主，银杏、榉木等珍贵林木100多种，百年大树不计其数，更有千年银杏，千年枫香树，五百年桂花树等珍贵树木。有国家级、省级公益林一万多亩。林内动物品种多样，以鸟兽类居多,有红腹锦鸡、白面果子狸、角山羊等。村落生态环境优美,成片的庄稼与原始森林相互映衬,自然风光独美。

天桥山是张家坪村主要的旅游风光景点,位于天桥山省级自然保护区内,现为国家AAA级旅游景区,由天桥山、杜鹃溪、军亭界三部分组成。天桥山主峰海拔776.2米,山石陡峭、风景优美,自唐以来就是周边地区礼佛朝拜之地,有"登高览胜、绝壁天桥、千年银杏、北极天梯、佛道合一"五绝之美。

天桥山海拔并不高,然而方圆几十里内均无高山遮挡,登上顶峰,极目远眺,可东视沅陵、南揽辰溪、西观吉首、北眺古丈,同时山脚下的沅江、峒河像两条飘带把整个天桥山紧紧环绕,有"一览众山小"之感。晨观日出,夕赏落霞,云端雾海,如临仙境,心旷神怡。此时此刻有千愁万绪,也会寂然消逝。

天桥山佛道文化源远流长,佛教主殿华岩阁、娘娘殿以及道教主观北极宫三座寺庙修建在坡度陡峭的山脊上,地势险峻,错落有致。华岩阁正门有唐代诗人王昌龄亲笔撰写的"天桥山"三个大字。

千年银杏是天桥山上最早的自然生态标志之一。它生长在山顶两座孤峰之间的坳口上。树高28米,树冠尺寸为24米,树围8米,树龄2600余年,千百年来多次受到雷击、霜摧、雪压却依然郁郁葱葱、刚劲挺拔,为天桥山撑出了一片永久的绿荫。来客常年在树下养心治疗,堪称天桥山一绝。

北极天梯是一座由218级台阶组成的长200余米的上山天梯,台阶坡度达70度,最窄处仅5～10厘米,因而被称为"天梯"。

天桥仙泉位于天桥山主景右侧,由于地处绝顶,只能靠山顶上的植被储存的天然水资源,从岩缝中渗出汇集成泉、滴水成井。此泉水甘甜可口。千百年来,山上的僧人、香客靠此泉作生活用水,为了不断满足日益增多的香客游人的饮用需要,该井先后开凿四次,却山泉不断,故称"天桥一绝"。

榆树坪位于军亭界景区内。连绵起伏的山峦一层叠一层,古色古香的木瓦屋一栋挨着一栋,葳蕤葱茏的参天古树一棵接着一棵,是观光游览的最好去处之一,非常适合休闲度假。绝壁天桥是半山悬崖脊上的天桥古道,建成于清康熙年间,是上天桥山的必经通道。该桥奇悬多姿,建造在百余丈高的奇悬山脊之上。桥高3米,拱跨2米,桥面宽1.5米,总长50米,两侧悬崖垂直高度200多米。相传明代中期,此地为一豁口,仅用几根木头结捆代桥,人过此桥心惊胆战,只能手脚并用像山羊一样爬行而过,由此而得名"羊桥山"。后来有人布施才修建石拱桥,天桥山也因此而得名。

(本章由吴开松、付倩撰写)

# 第六章　布条坪村

布条坪村位于泸溪县西北，原属于梁家潭乡，乡镇合并后归属于洗溪镇。村落依山而建，地势高，垂直落差大，绝大部分为山地，仅少量平坝分布其间。周围被青葱林木簇拥，交相辉映，十分秀美。远观布条坪村，幢幢吊脚楼呈阶梯状分布，灰瓦翘檐，错落有致。该村人勤物丰，毓秀钟灵，因其自然风貌、特色民居及传统民俗保存完好，故其在众多传统村落中脱颖而出，独树一帜。2019年6月，布条坪村被列入第五批中国传统村落名录。

# 一、村落概况

## （一）地理生态环境

布条坪村总面积10.56平方公里，耕地面积为1157.9亩（水田面积700.5亩，旱地面积400.4亩），林地面积为1098.8亩。布条坪村属山地地貌，亚热带季风湿润气候，平均海拔320米，紫色砂页土壤，适宜农作物生长。村落山脉源于标锦界，由东北向西南方向延伸，连接至茅屋界（现军亭界）。水系有两支，属于酉水一级支流酉溪水系。一支在村落背后，称为哑巴溪，发源于猫子溪村，经村后流向梁家潭村，汇入冲溪；一支在村落正面的溶田，发源于桃坨村，经村下溶田流向亭子溶，汇入黄泥溪。形成“两溪夹一山，村落独占鳌头”之势，俯瞰下有仙鸡抱蛋、七星伴月之景。村落森林覆盖率为87%，植被茂密、保护完好，四周群山环抱，环境优雅，且有24株树龄在300年以上的古树见证了村落兴衰。良好的生态环境给野猪、麂子等野生动物提供了绝佳的栖息之地。民居建筑呈梯级式布局，至今遗留清代古建筑遗址多处，古路朝门9处，有杨齐伍堡子、碉堡、天井屋、古树群、古庙等遗迹多处。由于地质地貌的影响，村落山洪、滑坡等地质灾害季节性频发。

## （二）村落来源

传承400余年的少数民族古村寨布条坪村始建于明代，是苗族、土家族在湘西地区发展演变的缩影，至今形成了规模较大的传统建筑群落。历经几百年，如今村内的古巷道已被打磨光滑，古寺遗址遗迹犹在，古井、古桥、古建筑等都在佐证数百年古村寨的历史。400年间，布条坪村经历战火洗礼、大火焚烧，但这座古老的村落仍未改它质朴的样貌，哺育着世世代代生活在这里的人们。

元末明初时，湖广地区是红巾军与元朝军队以及朱元璋与陈友谅厮杀拉锯的主要战场。由于社会动荡，生灵涂炭，田畴荒芜，十室九空，无论是北方移民还是土著居民都已经寥寥无几，人口随农民逃荒外省和大量死亡而急剧减少，因而奏响了历史上有名的“湖广填四川”“江西填湖广”的宏伟史诗。布条坪村就是“江西填湖广”建立的移民村。

明万历八年(1580年)，杨富正率三个儿子杨友富、杨友义、杨友财及其余家人迁徙至此，并从当地土户符姓人氏处购置土地，定居一处名叫老坨的地方，且在此立寨建村。每天放牛出山，牛常去一处林深草莽之地吃草、歇息，不肯出来归栏。久而久之，杨富正发现这里地平山宽，背倚大山，面谷怀壑，东边山岭纵下，西边峰峦耸立，长伸左弯拱围，同东山岭脉脉拥抱，留出一条谷口作门，四山紧围恰似仙鸡抱蛋，后背山形成七星伴月之势，西袖山沟一股清泉喷流，流淌叮咚如鼓鸣。杨富正决定择此地定居，伐木平基，建村立寨，以清泉叮咚声取名调鼓坪。后因山形变化，山洞被填，山泉叮咚声不再，遂改名为不调坪。因不调坪之名不雅，便更名为布条坪，一直沿用至今。先祖杨富正举家徙入此地立寨建村，至今已有400余年历史。

最初选择此处建寨时，考虑到村落防御需要，民居按地形成排建设，留出四条通道，连接四个出口大路，便于村民生产生活和社会交往。户与户之间联通，既便于沟通信息、对外防御，又对村落防火起到一定作用。

### (三) 村落人口

布条坪村主要由杨、张、王、周、麻五大姓氏组成，据说杨氏最早到此村定居，张、王、周、麻等姓陆续而来。该村辖3个村民小组，5个自然寨，由大坪、桃坨、布条坪、哑巴溪、茶溪分别构成3个小组。根据2019年的数据，全村有224户845人，劳动力350余人，其中常年外出务工人员220人。村落人口中苗族占比80%，土家族10%，其余为汉族。

## （四）经济社会发展状况

### 1. 经济

布条坪村根据该村实际，利用山地资源条件，发展生态养殖、种植等特色产业。全村油茶100余亩，家禽养殖3000多羽。村内的集体经济主要依靠养殖林下鸡和光伏发电。截至2020年6月，光伏发电已产生效益，年收入8万余元，用于帮助困难群众和建设基础设施等公益事业。此外，村内还会安排相应的公益性岗位进行帮扶，其中包括公益岗位扶贫（如生态护林员、道路维护员、保洁员、护林防火员、护渔员、光伏发电护理员等）、小型公益事业扶贫（如村内生产设施维护、道路维修、环境卫生整治等）、奖励补助扶贫（如奖励先进、资助困难）等，重点向弱劳力、缺劳力、无劳力的贫困家庭倾斜，鼓励贫困户通过力所能及的劳动获得劳务收入。村民的主要收入来源依靠外出务工，大多数外出务工者都由亲朋好友介绍或者帮扶责任人联系就业。村内会对外出务工者发放交通补贴，按省外600元、省内州外400元、州内县外400元的标准发放。据了解，村内扶贫专项资金40%用于产业发展上，60%用于基础设施建设上。同时，该村实施全村所有贫困户一户一策、一户一名帮扶责任人政策，根据家庭情况制定帮扶措施，有效提高家庭收入。在项目发展上，通过村民代表大会、群众代表会、党员大会等形式，确定全村的产业发展项目。全村现有结对帮扶责任人（干部）19人，结对帮扶建档立卡户83户，实现建档立卡户帮扶全覆盖。

布条坪村于2019年脱贫出列。全村共有224户845人，其中建档立卡的贫困户有83户328人，五保户有12户12人，低保户有34户71人，残疾人有34人。2014年至2018年累计脱贫40户179人，贫困发生率由18%下降到0.94%。2019年2月，为进一步整合扶贫工作力量，形成脱贫攻坚合力，布条坪村成立了脱贫攻坚联合党支部，充分发挥党员的模范带头作用，凝心聚力做好布条坪村脱贫攻坚工作。

为了响应国家号召,布条坪村针对贫困户提出相应的扶贫政策。一是对贫困户进行产业扶贫,按照人均不超过800元的产业扶持资金标准,鼓励贫困户自主发展产业,通过合作社带动全村农户种养殖业,其中共83户贫困户种植养殖,养殖家禽3000余羽、种植油茶100余亩。二是对缺劳力或劳动力弱的贫困户采取委托企业帮扶,其中与泸溪县金叶子农民专业合作社签订委托帮扶协议的有3户5人,每年每人按照帮扶资金进行分红。三是为村民提供小额信贷发展产业,全村共有19户贷款,贷款金额合计78万元,用于产业发展。同时布条坪村尤其重视教育发展,对村民进行教育助学,让学生不愁没学上,能接受更好的教育,全村义务教育阶段入学率达100%,没有辍学人员。在住房安全方面,政府对危房进行改造,并实施易地搬迁政策,进行集中安置或分散安置,以此来保护村民的人身住房安全。随着脱贫攻坚政策的深入开展,布条坪村真正实现了从产业扶贫到产业兴旺。

为了进一步巩固脱贫成果,提升贫困户稳定脱贫能力,确保全面小康、不返贫,布条坪村结合本村实际,制定了后续帮扶和巩固提升计划。一是开展脱贫攻坚建档立卡户动态调整和信息采集"回头看"工作,找出脱贫攻坚工作中还存在的问题以及需要帮助解决的事项,及时组织人力、物力进行整改;二是按照"一户一档一台账",进一步深化细化就业、产业、社会、政策帮扶,做到因人因户施策,按需帮扶;三是继续加大资金投入,完成传统村落建设美化、村村通公路新建和硬化项目,解决群众困难;四是进一步做好电商平台,发挥好合作社的作用,打造优质品牌,让村民实现持续增收;五是发挥好党员的模范作用,培养致富带头人。

### 2. 公共服务

新农村建设是时代发展、构建和谐社会的必然要求。在乡村振兴战略实施背景下,要进一步加强传统村落保护与发展。布条坪村入选第五批中国传统村落,既是肯定其村落文化价值,也是肯定其对村落现代化转型作出的贡献。

在基础设施方面，布条坪村村落道路建设内部结构井然有序，户户之间道路相通，四条进出口均为大道，四通八达。2017年之前，村间道路均是石板铺就，无水泥硬化。随着精准扶贫项目的有效开展，截至2020年，村寨累计投入资金650万元，新建了村级综合服务平台、新修通村（组）道路12千米（硬化12千米），2019年实现村组道路通畅通达，另投入20万元对全村村间道路实行硬化。村民饮水主要来源于古井挑水、管道引流村中蓄水池以及分户打井饮水，水源比较充足，没有饮水困难。排水主要是利用居住现状，雨水沿村内排水沟，流入溪流内。近年来该村进行环境卫生整治，厕所革命正在逐步实施。随着电信及网络的普及化，布条坪村已完成农网改造，户户通电，有线电视村村通工程已经全面落实，实现了户户通电视，并且已建立移动通信塔基，移动通信信号好，宽带已经铺设到村。全村已实现垃圾集中处理，建垃圾池5个，家家户户配有垃圾桶，整个村寨的卫生环境有了明显改观。

“再穷不能穷教育，再苦不能苦孩子”，教育是人发展的第一要素。布条坪村十分重视教育发展，除父母在外务工、小孩跟随父母在外读书外，其余在家的适龄儿童都在县城读书，全村无一人辍学。目前全村义务教育阶段入学率达100%。据统计，村寨内共有建档立卡贫困户义务教育阶段适龄学生65人，2019年春季享受学生教育补助政策的有71人（其中学前8人、小学42人、初中15人、高中4人、中职2人），享受雨露计划的有6人；2019年秋季享受教育助学的人数为64人，其中学前教育7人，小学阶段39人，初中阶段14人，高中2人，中职2人（享受雨露计划的有5人）。为培养农村人才，激发学子学习积极性，村里对考上大学的学子实行了相应的奖励政策，考上本科院校的学生会有1000～3000元奖励不等。

在医疗服务方面，村内设立了卫生室，对全村83户慢性病村民进行了签约服务，签约医生不定期地对村民进行上门服务，做健康检查。

文化是村寨存续的灵魂，优秀传统文化的创新性发展和创造性转化围绕公共文化服务体现。村内设立图书室及文化服务中心，对全体村民开放，并利用传统节假日，对村民进行文化和政策宣传，丰富老年人业余文化生活。此外，该村投入30万元修建200平方米的村级综合服务中心（党员活动室、村务会议室、文化活动室、卫生室、民情工作室、综合信息室、便民服务大厅等），并设立了养老服务示范点，丰富老年人的文化生活，农家书屋建设已全部完成，摆放书籍500余册，村民的业余活动丰富多彩，幸福指数得到逐步提升。

## 二、文化遗产

### （一）物质文化遗产

生活在布条坪的村民，一直以来都有着保护物质文化遗产的意识，这也使得村寨有着不少的古物遗迹。

#### 1. 民居建筑

村落的民居建筑呈梯级式布局，按照地形分级建筑，由坡下向上延伸。分东南西北四条大道，大道路口设四座古朝门，把住进出村寨关口。村后有两条通往梁家潭圩场的大路，村寨正面左侧建有一座护寨碉堡，右侧大路设有守护鹿寨。村下为一条大路，村寨对面为一排大山，设瞭望哨，村寨四周群山环抱，对村寨起到防护作用。传统建筑大都是民国后期和中华人民共和国成立后修建的房屋，四合院外围下部为基石，上部用火砖空斗修砌，内填土和小石块。墙内修建木质结构瓦房，中设天井，天井

壁板雕花（其一）（李敏敏　摄）

壁板雕花（其二）（李敏敏　摄）

下有排水涵，由于年代久远，现已被损毁。

布条坪村几乎是清一色的木制建筑，“吊脚楼，翘屋檐，方格窗，朱红门”是这些古民居的基本特色。这些吊脚楼既有一排正屋的一字形，也有一排正屋配一头厢房的“丁”字形（钥匙头），还有一排正屋配两头厢房的“工”字形（撮箕口）。吊脚楼建造根据地形顺坡就势，有的是正屋、厢房全吊，有的是正屋不吊厢房吊，一般是飞檐翘角的“走马转阁楼”。民居建设均为纯木质结构，利用山上的松木、杉木建造房屋，就地取材。房屋坐西朝东，为斗拱结构，五柱六挂，四排三间。屋脊呈三角形，按照小青瓦宽度钉椽皮，上面盖瓦，四周装修木壁板。房屋东侧修建简易伙房，房屋中间是堂屋，后壁设祖宗神位，主要用于红白喜事和堆放谷草，平时大门紧闭。两侧房屋装修时，分为两间，内间为卧室，外间靠内房一侧设火坑，为吃饭、烤火及休息场所。上部装修天楼，下部从地脚起铺设木地板。堂屋不铺设地楼板。房屋正面除门之外，安装窗户，堂屋后壁为祖先神位，即神龛。

吊脚楼（李敏敏　摄）

吊脚楼一般为两层木质建筑，为三柱六挂或五柱六挂，上盖小青瓦。第一层用作谷仓、猪栏，第二层装修地楼板，中间为休息场所，两侧装修房间作为姑娘住房或客房。吊脚楼用作住房，其作用与一层木质房屋相同，二层全部装修成房间，外留走廊。

特色民居（李敏敏　摄）

别看这些民居结构简单，实则很有讲究。房屋建造一般分为平屋场、架马兴工、排扇、立起、上梁、上拦方岩、盖瓦、装修几道程序，并且每道程序均须进行祭祀，其中上梁最为隆重。民居整体结构搭建完毕后，房屋细节也不容小觑，无论是柱石的石雕还是壁板的雕花，都雕刻得非常精细巧妙，惟妙惟肖，这些无不体现着前辈们的勤劳与智慧。建房完毕后，各路亲朋好友均来送贺礼，以表祝贺和喜悦之情，这些都体现着浓厚的传统建造文化。

柱石雕花(布条坪村工作人员　供图)

青瓦(李敏敏　摄)

**2. 石门**

村落岩石院墙、朝门建造于清代和民国时期，用于防御外敌和保障村民生产生活，在布局和建筑形式上体现了苗族传统建筑和汉族传统建筑的有机结合。最初选择此处建寨时，由于当地动荡不安，社会不宁，考虑到村落防御需要，村民在建房时做了规划。民居按地形成排建设，户与户之间联通，既便于沟通信息对外防御，又对村落防火起到一定作用。村内四条通道，连接四个出口大路，村落四条大路按照东西南北延伸，出路口设有古路朝门。旧时，遇战乱或动乱，便派青壮把守，以此来保卫村庄安全。清末及民国时期，4户大户相继修建了四合院。但1927年村落被河蓬的武装头领舒安卿部攻打，房屋全部被烧毁。时至今日，古路尚在，朝门大部分已被毁坏。布条坪村最兴旺时有360个“堂屋”①，99个石门，户挨着户，屋檐挨着屋檐。民国匪患时，村落被大火烧毁过一次，20世纪70年代时，又因小孩子玩火，燃起了绵延整个村寨的大火。如今，仅余9座古朝门，建于清代和民国初期，由纯石条石块构成，每个朝门上方横一条石，皆为红石，上面刻有文字及花纹。还有古建筑10余座(其他房屋多为20世纪70年代之后修建)。

① 当地传统民居中用于敬奉先人、接待宾客的房间，在所有房屋最中间。

### 3. 碉堡

村寨左侧山头虾公坡，是民国时期当地武装杨子荐、杨齐伍为抗击土匪所修建的碉堡遗迹，内空直径33米，分3层，每层高3.8米，可容纳200人防守。堡子外环列一道胸墙，墙高1.3米，厚1米，全用巨大石块垒成。遗憾的是，碉堡于1966年被毁，几十年的风雨吹打加上未经修缮，已经看不出原来的样貌了。

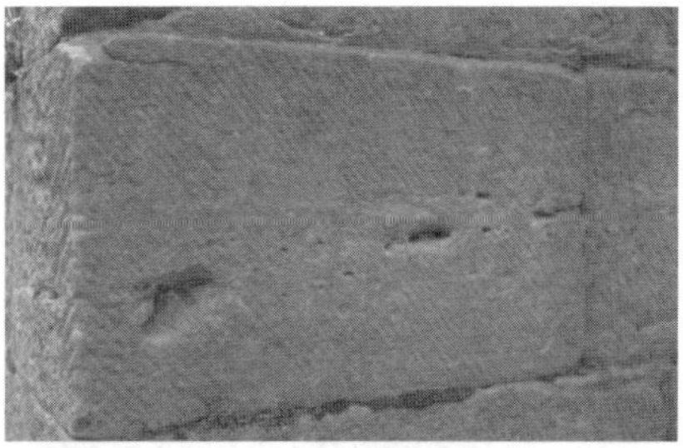

石门及花纹（李敏敏　摄）

碉堡遗址（布条坪村工作人员　供图）

### 4. 古庙

村内至今仍留存庙宇两座，一座名为回龙庵，另一座为天王庙。回龙庵供奉的是观音如来以及十八罗汉等佛教神仙的神像。天王庙又称三王庙，坐落于野猫坳，供奉着三位神灵兄弟（又称三大

村寨一组土地庙（李敏敏　摄）

王爷)，大哥为白脸，二弟为红脸，三弟为黑脸。因白脸为兄长，故又称白帝天王。天王庙在古时苗乡相当于朝廷审理案情的大理寺。村民之间发生争端，是非莫辨或冤屈难伸，便相邀去天王庙饮血盟誓，抽签断案。这两座庙宇皆修建于清朝，20世纪50年代之后被毁。现存的回龙庵与天王庙都于1984复建。

除了这两座较为出名的古庙外，村寨各组都有自己的土地庙。其中有一座土地庙位于村寨一组，在一处小山坡上。据传，这座土地庙已有上千年历史，并于60年前改建。

### 5. 古巷道

村域内古巷道纵横交错，形成于清代和民国时期，由就地取材的山石板铺建而成，鳞次栉比的山石高高低低地排列在山间小路上，村民们百余年来的踩踏将这些山石磨得光亮平滑。拾级而上，历史的厚重感与山间村落的生活气息交织，形成了独具韵味、古朴自然的传统风貌。

古巷道(布条坪村工作人员　供图)

### 6. 古井、古碑

中国乡村的古井中，有方有圆，大小不同，有深有浅，水质各异。在过去，古井是乡村百姓主要汲水之地。在建村之初村内开凿了两处古井，呈长方形，一年四季清泉不绝，是当地百姓生活、灌溉用水的主要来源，现如今在原来旧址上修建了自来水系统。村寨一组

双龙雕花(李敏敏　摄)

也有一口古井，于清朝时修建。听村民说，此处古井水可直接饮用，味道清香甘美，夏凉而冬温。同时，村民也常用来洗衣、灌溉。

古井上方石块上刻有一处双龙雕花，旁边还立有一块石碑，上面刻有“四季水旺”四字，并把先人名字及功德刻于上方。那么为什么要立碑于此呢？据说当年村寨只有十几户人家迁至此地，村寨人都靠此井水为生。年复一年，村寨人口日渐增多，村民用水的需求量也日渐增大，于是村寨里的一位大户人家便请地理先生到此地看风水、选吉日，保佑家族一年四季不缺水，祖祖辈辈都能喝上水，山泉水永不干涸，水越喝越旺。遂于明朝洪武年间立下此碑。

古井（李敏敏　摄）

古碑（李敏敏　摄）

## （二）非物质文化遗产

泸溪县布条坪村民风淳厚、质朴，土家族、苗族、汉族等主要聚居民族的习俗传统相互影响、相互交融，形成了独具特色的地方传统文化，留下了丰富的文化遗产，村民日常婚丧、嫁娶、饮食、娱乐、信仰等各方面也沉淀着丰富的传统文化因子。

### 1. 苗族跳香

清代光绪年间顾奎光、李涌修纂的《泸溪县志》描述了跳香的盛况：“滕子岭延禧观右与各乡村都有殿宇……各村会首主持洁净坛宇，备办祭物。祭毕,举行会饮礼,长幼依次就座,欢舞散去……”这就是当时生活在泸溪一带苗族人举行“跳香”活动的真实记载。这种祭祀仪式一直延续至今,是人们预祝风调雨顺、六畜兴旺、五谷丰登以及欢庆丰收的古老祭祀节日。

跳香又称十月明香大会,作为布条坪村最具代表性的民间民俗文化之一,是该村落及附近村寨的盛大节日。一般在十月初举行,时间持续十至十五天,地点大都在坪场或旷野。当地的跳香仪式主要分为三部分:殿内请神安神,各户请神问筶,殿内娱神送神。先由跳香苗老司在跳香殿里请神安神后,再由苗老司带着香头们去各家各户求神问筶。苗老司着红袍(红衣老司),戴五佛冠,持绺巾牛角司刀领舞,众人持香跟随跳舞,中间穿插唱词,进香殿,穿村寨,种五谷,挨家挨户求神问筶,以锣鼓伴奏,声势宏大。待跳香结束时,参加群众就分吃糍粑、打豆腐,然后大家集体尽情歌舞,唱山歌,跳舞,从而使节日呈现一片欢腾的场面。跳香主场结束后,再由近及远依次到各村寨“跳香”,一寨一天,以祈祷和欢庆家家户户五谷丰登,万事大吉。值得一提的是,泸溪县苗族跳香的主持素以“天传天教、地传地教、人传人教”的苗老司为主角,世代的传承方式亦是口耳相传。其中,绺旗、司刀是传承的重要凭证,没有绺旗和司刀的苗老司不能主持任何跳香活动。苗老司的存在对苗族跳香的发展与传承起着关键性的作用,尽管跳香随着时代发展其表演形式不断变化,但苗老司作为跳香文化的重要传承者,其跳香技艺的代代相传,能够向世人展现苗族跳香的文化价值和艺术魅力。

跳香工具(李敏敏 摄)

跳香除了祭祖之外,还要酬谢很多神灵,但主要的还是傩公、傩母。该村落的苗老司杨朝先是跳香传承人。据笔者获悉,类似梁家潭“六月六”等重大节日均有集体跳香活动,泸溪县人民政府也积极鼓励各村村民学习跳香舞。苗族跳香是中华民族文化宝库中极其珍贵的民间民俗文化，并于2009年被列入湖南省第二批非物质文化遗产名录，这是对非物质文化遗产——苗族跳香的传承和保护。

### 2. 苗族挑花

苗族挑花以家织布为材料，严格按布纹经纬线布眼数纱下针走线，可谓是费工费时费眼力。挑花不仅仅用于制作简单的装饰品，更是运用在苗族人民生活的方方面面。常见于衣服、头帕、围裙、袖套、门帘、手巾等生活用品中。就拿挑花头帕来说，其做工也是很有讲究的。由于工艺制作原始古老，要在长约四米的白色纺织布上用黑色棉线分段编织成四个方形或圆弧形的模样，一个图案占0.4～0.5米，两端挑狗牙图案锁边，右端吊白须线。一条头帕编织下来短则一个月，长则2～3个月方可完工。

在挑花工艺中，一般存在三种以上的行针走线法。一为“十字挑针”，即用青线穿针在白布上起针，按十字形构成各种图案，其几何纹样正反有别。二为编花针，即密针铺花，类似编织法，纹样正反面不同。三为两面花，即单针折线花，纹样正反相同。挑花图案大多数来源于生活，每一个纹样，都体现着当地人的精神世界和生活习惯，如蝴蝶花、福寿花、南瓜花等。人们给每一种纹样赋予了不同的功能意义，他们虔诚地相信这种带着“始祖神灵”的图案能给他们带来好运和幸福。这使得他们在人生中得到一种精神寄托，激励着他们对生活充满信心，对未来充满希望。布条坪村的苗族挑花传承人有周金菊等。

挑花图案（李敏敏　摄）

挑花头帕（李敏敏　摄）

### 3. 开祭

为祭奠古时三位英雄，即“三大王爷”，该村至今流传着“开祭”的习俗，俗称过“六月年”，每年农历六月中旬进行。每年小暑封庙，大暑开庙。确定开祭日子后，全村老少聚集在将军庙前进行祭祀活动。一家派一个代表，每户出钱集资买猪，杀猪敬神。当然敬神也是极为讲究的，道士必须先在庙里做法场、算时辰，才能够杀猪敬神。这些都是为了祭奠英烈，祈祷家家户户五谷丰收、六畜兴旺、百姓安康。村落祭祀活动除了祭祖之外，每年还有3次庙会，祭祀场所在玉皇殿(跳香殿)，主要祭祀玉皇、灵官、观音等神灵。祭品有糍粑、豆腐、五谷等。目前，村落有祭祀殿堂2处。每年的二月初十，还会有一次土地会，此时会做蒿菜糍粑，晚上请道士作法，在堂屋(中堂)念经，祝福年头顺利，保佑家人平安顺利，身体健康，土地丰收。

### 4. 婚丧嫁娶习俗

布条坪村人十分重视丧葬仪式。丧葬仪式非常保守，很少改变。丧礼有洗桃子水更衣、入殓、开路做道场、上山埋葬、拢三朝等程序，其中做巫傩法事道场最为复杂，有开路、御案(请神、解罪、破五方)、散花、出丧四科，分小葬、大葬等多道程序，以此来反映当地丧葬文化。

布条坪村的丧葬仪式一般来说分为报丧、净身、入殓、出殡、下葬几个环节。笔者没有机会观察到具体的丧葬仪式，只能根据一些访谈将布条坪村人的丧葬习俗略作陈述。 通常在老人病危时，儿女必须日夜轮流守候。在老人即将断气之时，嘴中一般要含一点银子，名曰“衔口钱”。人们认为阴阳一理，阴间也需要有金银，只有老人在阴间过得好了，才能保佑子孙富裕安康。确认老人已经去世，要马上烧三斤六两纸钱，叫作烧“落气钱”。此时全家需穿麻衣，去首饰，头戴白布，用芭茅煮水洗净尸身，穿戴寿衣、寿鞋，在大堂设立灵位，请地理先生推算埋葬地点。待一切准备就绪后，便烧纸钱，放鞭炮。孝子负责守灵，隔段时间需吊纸。守灵时间一般3～7天不等，出丧日亲友家男女俱送，敲锣打鼓，唱老人歌，直至天亮。下葬时有道士作法，并且由孝子铲上第一把土进行埋葬，择吉日再立碑。埋葬好后需要在土堆上插上竹子，如果来年竹子发得多，就预示着这家人的后代会人丁兴旺，发财富贵。

说到村落婚庆习俗，一般有媒人介绍、订婚纳彩、择日迎娶、回三朝等程序。在过去，布条坪村的男女成婚必须要有媒人。媒人提亲需要严格按照程序完成“六礼”，即：取八字、送八字、订婚、看日期、报日期、过礼。媒人是使婚事得以成立的关键人物，只有经过媒人的从中介绍，男女双方的家长才能进入议婚阶段。在“六礼”中，取八字和送八字的工作就是由媒人来完成的。由于过去山高路远，布条坪村方圆几里都同姓，因此在村里有条不成文的规定，男女双方超过五户（即五代）之外才能开亲，即五代之内是不允许通婚的。如果是外村的，则不受限制。

村寨里的传统婚嫁则留有民族交融的痕迹。一方面，土家族传统哭嫁曾长期盛行。本地哭嫁多在出嫁前一天晚上和出门之前，也有提前一周左右就开始哭的，每次哭的时间为几个小时，哭者主要是新娘的亲属或闺蜜，有时也会请人陪哭。哭嫁主要传达了父母对女儿远嫁的依依不舍之情，并告知其女儿生存之道。哭嫁时，亲属都会到场，苦中有乐、悲中有喜，以此来增添婚礼的氛围。另一方面，汉族地区的抬轿风俗与哭嫁并行不悖。出嫁前一天晚上，新郎需要将轿子（木材制作、篾材装饰）抬往新娘家，在距离新娘家大约半里处停下，等新娘家的亲弟弟或者侄子来压轿。压轿到家下轿子后新娘上轿，到达新郎家后，由伴郎伴娘将新娘从轿子中扶出来。新娘出嫁前，还会与自己的闺蜜一起吃顿饭，以表离别不舍之意。

### 5.苗族医术

布条坪村因其独特的地理位置和优美的自然环境有着得天独厚的资源优势。尤其是天然药材资源颇为丰富。居住于村寨二组的杨水清先生，便出自一个名副其实的草药世家。其家族从清朝中叶便开始从医，代代相传，至今已传承数十代人。目前，杨医生其儿子也已继承家业，继续将医术传承下去。因其医术高明，医院不少医生耳闻其详，都会到此取药。

## 三、自然资源

### （一）自然景观

村落依山而建，地势高，垂直落差大，平均海拔380米，绝大部分为山地，仅少量平坝坐落其间，周围被青葱的林木簇拥，交相辉映，十分秀美。远观布条坪，一幢幢吊脚楼呈阶梯状分布，灰瓦翘檐，错落有致，气势恢宏，横看成岭侧成峰。

村寨整体风貌（布条坪村工作人员　供图）

走进布条坪村寨，映入眼帘的是一栋栋独立瓦房，屋顶层层叠叠的灰色小瓦彰显历史的厚重感，斑驳的木质壁板略显沧桑。一座座小木屋被一棵棵高大笔挺的古树给包围着，仿佛躺在大自然的怀抱里，在“母亲”的护佑下茁壮成长。再往里走，拾级而上，房屋依山势而建，虽高低大小不同，但外形基本无异，主体是三开间（中间堂屋，左右是卧室），时闻鸡鸭之声。村民们或是坐在一起闲聊，或是坐在家门口纳凉，好不惬意。这里四季分明，夏季高温多雨，冬季温和湿润，属于亚热带季风湿润气候，紫色砂页土壤，有

村寨局部风貌（李敏敏　摄）

苦蒿(李敏敏　摄)

机质含量低,钾、磷丰富,再加上其矿物质含量丰富,肥力较高,所以非常适宜农作物生长。这里的苦蒿(青蒿)生长旺盛,作为一种药材,有着清热、凉血、退蒸、解暑、祛风、止痒之效,可作阴虚潮热的退热剂,也可止盗汗、中暑等。

## (二) 动植物资源

村寨自然风光(李敏敏　摄)

村落民居所处山脉与天桥山脉相连,村域内自然生长着榔木、黄栎、枫香等珍稀树种,百年古树成群。在村落右侧对面有一片翠绿的风景林,面积达到300亩,平均树龄有200年,是目前泸溪县内保存最为完好的原始森林之一。生长百年

古树(其一)(李敏敏　摄)

古树(其二)(李敏敏　摄)

以上的古树已进入缓慢生长阶段，干径增粗极慢，形态上给人以饱经风霜、苍劲古拙之感。这些古树，见证了整个村寨的历史变迁，见证了一代又一代人的传承和不朽。它们历经沧海桑田，用年轮记录时间，用时光照耀村寨。“古树春风入，阳和力太迟。莫言生意尽，更引万年枝。”用出自崔道融的《古树》来形容它再合适不过。

对于世代生活于其中的布条坪百姓来说，森林意义重大。在过去，伐木曾经是村民的一项重要经济来源。农闲时节，上山狩猎是村落青壮年集体娱乐狂欢的一种方式。春夏时节，入山寻木耳、挖竹笋、采野菌、打板栗、挖野菜、采蜂蜜不仅是改善生活的一种途径，也是增加家庭收入的有效方式。由于20世纪80年代以前人为干预，布条坪内森林资源受到很大破坏，但被毁森林里珍稀动物极为丰富，80年代初仍有老虎不时出没，豺狼、野猪等经常得见。自90年代退耕还林政策推行，生态逐步恢复，往日沉寂的林内又开始充满生机，飞禽、走兽、蛇虫类、两栖类等动物资源极大地丰富了布条坪风景画的趣味性。

（本章由吴开松、李敏敏撰写）

# 第七章　新寨坪村

远观新寨坪，依山而建，黑色小瓦屋顶鳞次栉比，被周围青葱的林木簇拥，梯田片片绿色一望无际，交相辉映，人与自然你中有我，我中有你，和谐共处。该村始建于明朝，是苗族与土家族聚居的群落，历史悠久，民俗文化丰富，人们的饮食、耕种、娱乐等都保持着独特的苗族与土家族文化特色，成为苗族、土家族混居生存繁衍、发展演变的缩影。2016年以来，新寨坪村先后被评定为中国少数民族特色村寨、全国重点旅游扶贫村、省美丽乡村示范村及州乡村旅游示范村。2019年6月，新寨坪村被列入第五批中国传统村落名录。

# 一、村落概况

## （一）地理生态环境

新寨坪村隶属于湘西土家族苗族自治州泸溪县潭溪镇，西面与小章乡接壤，北面与吉首市河溪镇毗邻。村公路经吉首市河溪镇与319国道互通，村室距319国道黄连溪6.5公里。新寨坪村距潭溪镇22公里，距离泸溪县城67公里，距离州府吉首市36公里。境内大部分为山区峡谷，地势起伏较大，平均海拔400米，最高点将军山也是全镇最高的山，海拔457.6米。新寨坪属亚热带季风湿润气候，四季分明，年平均气温17.40℃，最冷月平均气温−1℃，最高月平均气温35℃，无霜期278天，日照1432小时，降雨量1465.3毫米，降雨在每年的5月至9月，7月最多。气候温和，雨量充沛，无霜期长，温、光、水等自然条件较好。村内水资源比较丰富，境内有2条山溪顺山自南向北流出，在新寨坪寨前汇集为小能溪，自西向东流入峒河。地下水资源充足，可满足农业生产和生活用水。

新寨坪村口（方玉萍　摄）

## （二）村落来源

新寨坪村位于泸溪县潭溪镇西北部，始建于明朝。全村的主要姓氏是杨氏、符氏和李氏。明代杨氏家族从江西移居泸溪上街（今杨家巷），再移居兴隆场武堰村，明末迁至峒河岩坎寨村，到清朝初期移至老屋冲。符氏家族从江西先后迁至沅陵四都坪、泸溪浦市的浦溪、李家田符家寨、洗溪符氏滩、洗溪峒头寨、新寨坪栗木寨。其间李氏家族从兴隆场德堡后塘迁至棚家坡。据说，老辈人因居住大山深处，生活艰难，在一次出山时，发现近溪水的地方有一块山坡地两边各有一条山涧水流入山坡前的小溪，风水极好，便在此开山平地重新扎寨，村民即称为“新寨坪”。

明清时，县以下都设都、图、里等行政单位，清乾隆二十年(1755年)，栗木寨属下五都。1949年以前新寨坪属和安乡第四保。新中国成立后建立人民公社，1982年改人民公社为乡镇。1987年新寨坪村辖新寨坪、棚家坡、船坪坳、老屋场、后门冲、老屋冲、栗木寨、干田坪、枞树坡等小组，2005年合并为3个村民小组。

## (三)村落人口

新寨坪村有9个自然寨，分为3个小组，共299户1351人，土家族、苗族占全村总人口的99%。土家族占42%，苗族占57%，是一个典型的苗族、土家族聚居地。其中一组包括栗木寨和干田坪两个自然寨，有86户380人；二组包括新寨坪、老屋冲、后门冲三个自然寨，有116户525人；三组包括老屋场、船坪坳、棚家坡和枞树坡四个自然寨，有97户446人。当前全村6～15周岁人口123人，60周岁以上人口232人，80周岁以上人口30人。

## (四)物产与特色产业

新寨坪村以农业产业为主，村民的经济来源主要靠种植椪柑、黄桃、烟叶、中草药，养殖生猪、山羊等。近年来，新寨坪村被纳入大湘西精品旅游线路，积极引入投资，开始发展乡村旅游、民宿等相关产业，进一步带动乡村经济发展。

新寨坪村利用本村天然氧吧、山地资源优势，发展生态养殖、种植等特色产业，并取得卓越成效。全村养羊大户10户，养牛、养猪大户1户，养鸡2户，养鱼10户。全村有三个合作社，分别是生态种植养殖合作社、旅游合作社与民宿合作社，通过“合作社＋基地＋贫困户＋扶贫”的模式，发展黄桃示范基地50亩，发展稻花鱼示范基地80亩，流转稻田80亩，养鱼40000尾，正在建设迷迭香中药材示范基地100亩，合作社为村民免费发放种苗，并提供技术指导，最后由合作社保底收购，带动农户130户600余人参与产业开发，争取每户每年增收3000元。如今，稻田里养了鱼，稻米还是瓦乡米，山坡上种满了黄桃树，山间还分布着绿油油的中药材迷迭香。多个产业齐头并进，让昔日的“穷山沟”变成了真正的“鱼米之乡”，穷山荒山变成了“金山银山”。合作社致富能人为新寨坪村发展生产性产业带好了头，不仅因地制宜发展了地方特色产业，还常年为本村提供劳务岗位，60余人在家门口就能劳动致富，月薪有3000元左右，并带领119户建档立卡户脱贫出列，使300余人在土地流转中受益，为新寨坪村民脱贫致富奔小康打下了更坚实的基础。

桃园基地 （方玉萍 摄）

新寨坪村是一个苗族、土家族聚居的村落，早在明代就有人居住于此，村落的历史遗产极其丰富。整个村落传统建筑占92%以上，古村落风貌保存较为完整，为旅游业发展提供了良好的基础。2018年以来，“中石化—百美村宿”民宿项目共投资3330多万元，探索全新的“乡村文旅融合扶贫＋”模式，致力于搭建深山苗寨独具少数民族特色的民宿，既能满足现代生活的舒适度，亦让旅客返璞归真，远离现代都市的忙碌，回归自然。至今，全村建设八栋民宿，总占地面积达4000平方米，目前已完成旅馆主体建设，民宿旅游初见成效。2019年，新寨坪村接待游客2000余人，已有一定的旅游知名度，是泸溪县着力推进建设的旅游精品村寨之一。中国扶贫基金会于2020年捐赠人民币1000万元，泸溪县人民政府配套资金2000万元，继续打造集休闲旅游、乡村观光旅游、种植养殖为一体的新寨坪村“百美村宿”项目。

新寨坪村民宿（方玉萍　摄）

## （五）经济社会发展状况

近年来，新寨坪村紧扣美丽乡村建设，以产业扶贫和旅游发展为依托，全村基础设施建设和公共服务得到完善，村民收入不断提高，成功实现脱贫摘帽。

以前的新寨坪村地处高寒偏远山区，人多地少，村经济薄弱、贫穷落后，是典型的少数民族贫困村。2018年3月，湖南省长丰集团派出扶贫工作队，一直驻新寨坪村开展工作，在充满希望的春天里，播下脱贫致富希望的种子，成为企业扶贫的典范。工作队驻村以来，入户走访，与贫困户拉家常、算收入、谋发展。工作队根据该村实际情况，制定三年帮扶规划并纳入公司党委工作计划，每年为新寨坪提供充足的工作经费和帮扶资金，组织公司党员干部对全村119户建档立卡贫困户实施结对帮扶。三年来，累计投入的帮扶资金为248.35万元，项目涵盖道路建设、亮化工程、产业发展、消费扶贫、就业扶贫、贫困生助学、突发性困难户解困帮扶以及党建、乡风文明建设、村容村貌改善等。新寨坪村自2015年被确定为深度贫困村以来，经过几年的发展，人均年收入由不足2500元增至7800元，综合贫困发生率由41%降为0.95%，2020年全部脱贫摘帽。

脱贫摘帽不是终点而是新的起点，随着新寨坪村旅游产业规模不断扩大，乡村基础设施与公共服务设施的建设正成为当前实施乡村振兴发展战略的第一要务。新寨坪村通过筹资已经实现寨间公路全部硬化。近年利用省拨专项资金投入40万元完成村主干道改造，投入资金40万元完成新修产业路3.3公里，投入资金50万元完成产业路硬化1公里，投入资金40万元新修生产路20公里。利用县拨款专项资金投入90万元，完成全村入户道路硬化10公里。新寨坪村为了用水方便和安全，投入县拨专项基金40多万打井140口，实现安全用水，投入资金150万，实施集中供水工程，保障全村村民100%安全饮水。同时，还利用县拨专项基金完成全村电网改造，全村农户100%实现通电通网。

百年大计，教育为本，教育是民族的希望，也是农村脱贫致富奔小康的希望所在。全村现有义务教育阶段6~15岁学生123人，入学率达100%，无辍学人员。2020年春季贫困户中享受教育助学人数84人，其中学前教育为11人，小学阶段为39人，初中阶段为19人，高中为7人，享受“雨露计划”8人。为提升教育扶贫质量，扶贫工作队完成村小学教室和食堂改造，对考上大学的村民子女给予奖励。村里还利用省民政厅专项资金为村小学全体学生发放春、夏季校服和书包，增添学习书籍和体育器材。

人民群众的健康水平直接体现全面小康的水平，因病致贫、因病返贫是决战脱贫攻坚与决胜全面建成小康社会的最大变量。要以保护百姓健康为目标，切实加强农村基层医疗卫生服务体系建设。新寨坪全村医疗保险参保人数1147人，贫困户参保率100%。贫困户在县内医院实施先诊疗和付费一站式结算方式，建档立卡贫困人口享受医疗救助政策，享受大病救助政策，报销比例达90%。对全村慢性病患者实施签约医生定期做健康检查服务，全面落实健康扶贫工作。

## 二、文化遗产

### （一）物质文化遗产

新寨坪村的历史遗存极其丰富。整个村落传统建筑占92%以上，村内有历史建筑17栋、传统风貌建筑45栋、古井1处、古桥2处、古巷道多处、古寺庙多处、古炮台1处等，基本保持着明清时期的建筑风格和布局，历史文化遗产丰富，类型多样，为村落的文化传承及旅游业发展提供了良好的基础。

### 1. 特色民居

新寨坪村传统建筑基本为木结构，时间跨度从清代至现代。根据其建造年代的不同，建筑年代可分为四个时期：清代建筑、民国建筑、20世纪50年代至70年代建筑、20世纪80年代之后的建筑。其中以20世纪50年代至70年代建筑为主，占总面积的40.25%。

特色吊脚楼（刘璐　摄）

全村有215栋木房，主体结构均由榫子拼合而成，不用一颗钉子，多为三间联排式五柱六挂建筑，"一明两暗"的布局方式。入口房门在正中间的位置，大门正对的堂屋是会客、就餐和祭祀之所，卧室分布两侧，一般为五排三间，内分隔为上下两层，一层多为生活活动和待客空间，二层一般为储物室，建筑材

特色民居（新寨坪村工作人员　供图）

料来源于附近山体,年代久远,坡面盖有小青瓦,桐油刷的板壁因年代久远而呈现淡淡的黑色,同瓦背青灰相协调。现有建筑格局多为房屋主体加晒坝,院落由正屋和厢房组成典型的堂厢式,呈一正一厢和一正两厢的布局,厢房可做成吊脚楼,一正一厢形成一个小禾场或小院子,一正两厢以三面围合建筑的三合院形式出现,典型院落平面呈“U”和“L”字形,有开放式的前庭。传统民居建筑的门窗多用“万字格”“喜字格”“丹凤朝阳”“喜鹊闹梅”等雕花装饰,吊脚悬挂的形状为八角形,造型别具一格,一般雕刻绣球、圆鼓、金瓜,栩栩如生。里间以薄木板分隔起居室、灶房等不同的空间,建筑的木构架都是穿斗式。新寨坪村传统房屋是汉族和少数民族建筑艺术相互影响的结果。其优美的风火墙形式,成为新寨坪村建筑造型、地方风格和装饰艺术的特色。传统房屋在屋顶的两端建有远高于屋顶的山墙,以前主要用于防止火灾蔓延,随着时代的发展,风火墙更具有美观的作用。

### 2. 古驿道

新寨坪村当前尚存有从明朝留存下来的古驿道,据说,明代杨氏家族的先辈来此定居后,为了生产生活方便,从新寨坪烂泥田至上将军山坡脚,修建了一条古驿道,全长4000米,均用石块砌成。途中有一小木桥,由于年久失修,20世纪80年代被山洪冲垮,现改为混凝土桥。

古驿道一角(刘璐　摄)

### 3. 古桥

新寨坪村具有代表性的古桥修建于明代,最初为木质结构,位于新寨坪自然寨两溪交汇处,主要用于人畜行走通过。1998年修建公路,改为石拱桥,现桥跨度5米、高4米。

另外还有栗木寨古桥，其修建于明代，为石拱桥，桥拱为单拱石桥，跨度4米，高5米，采取单孔长跨形式，桥身均为石块和石灰浆黏合。

新寨坪古桥（方玉萍　摄）

### 4. 古寺庙

村域范围内有清水庙、高山灵峰寺、六郎庙、白水庵及若干处土地庙。其中以高山灵峰寺和六郎庙历史最为悠久。六郎庙位于粟木寨自然寨，小溪的左岸，占地500平方米，据传建于清朝乾隆年间，现保存完好，每年农历二月、六月、九月的初一举行大庙会。高山灵峰寺位于棚家坡坡顶，占地面积1000平方米，坡顶绿树环抱、空气清新。据传建于清朝康熙年间。现保存完好，每年的农历二月、六月、九月的十七日，有来自小章、潭溪、吉首、丹青、排绸、太平等乡镇的人上山拜佛。

栗木寨古桥（刘璐　摄）

### 5. 水碾

新寨坪村还保存有水碾，即利用水力带动旋转的碾子，多用以碾谷物，直到20世纪90年代才被机械碾米工作所替代。

### 6. 古树群

从明朝到现在，老屋场和棚家坡的古树群占地面积总共2700多亩，保持完好。这一切源于村规民约，据传祖辈为保护古树立下规矩：谁砍一棵大树，就宰杀谁家的耕牛，全村的村民一起吃；谁砍一棵小

六郎庙（刘璐　摄）

高山灵峰寺（刘璐　摄）

树，便宰杀谁家的猪，全村人来吃。新寨坪村民们历代以严格的村规民约为训，尊重自然，保护自然，创造出一幅人与自然和谐共处的美丽画卷。老屋场古树群占地1800余亩，树木以松树居多，上百年的古树多达200多棵，树高最高达40余米，中间掺杂枫树、青冈、楠木、樱桃树等树木。棚家坡古树群占地面积900余亩，古树群内大多是青冈木，部分名贵树种为金丝楠木、红绸木及黄梨木等，树龄大多已有400余年，个别树龄达600年以上，目前保护非常完好。20世纪70年代，古树群中还有豹子等野生动物出没。

## （二）非物质文化遗产

新寨坪村属于少数民族聚集地，苗族与土家族先民在漫长的历史发展进程中，创造了丰富多彩、独具特色的民族文化。全村民俗文化遗产众多，至今传承较好的主要包括传统木雕、挑花、织锦、上刀梯、雀儿字，以及舞狮、婚丧嫁娶风俗等。

水碾（新寨坪村工作人员　供图）

### 1. 湘西木雕

历史文化底蕴深厚的浦市镇，有一支木雕工艺的匠人队伍存续了几十年，通过师傅带徒弟单一传承。2012年，湘西木雕被列入湖南省非物质文化遗产保

新寨坪崇山峻岭
（方玉萍　摄）

护名录。湘西木雕传承人符自元，是土生土长的新寨坪人，被誉为湘西木雕工艺大师，自己开办企业，已授徒上千余人，带动村民就业。他的作品形态万千、栩栩如生，既保留了苗族文化讲究象形、对称、粗犷的传统审美观，又有汉族文化精雕细琢、人物花鸟丰富的影子。新寨坪村的古寨门便是由符自元设计建造，总投资40余万元的建筑仿古似古、气势磅礴、壮观雄伟。符自元有自己的工作室，办有湘西木雕展览中心供游客欣赏，他打算设立一个非遗体验馆，开展从原料选材到雕刻加工为成品的一条龙体验模式。

新寨坪湘西木雕（方玉萍　摄）

### 2. 挑花

挑花指从第一针，直到一幅图案挑成，针线全部在布料表面行走。数纱行针，经三纬四，不能数错一根纱。因此，苗族挑花是极其细致而严格的手工工艺。

挑花艺人左手抛梭右手织，再右手抛梭左手织，如此轮回交替，纱线上下经纬交错成布。若用彩线搭配花样上机纺织，可织成色彩斑斓的苗锦。现年65岁的杨春英，从小酷爱苗族挑花技艺，学得一门好手艺，是省非物质文化遗产项目苗族挑花代表性传承人，她的作品在许多大赛中获奖。杨春英介绍，苗族挑花纹样有50余种，如"枫叶花""蝴蝶花""蟾蜍花""狗纹花""葫芦花""阳球花""葛藤花""珍珠花""福寿花""年鱼花""龟寿花""龙凤花"等。一花一世界，每一种类型的挑花纹样，都有一段动人的传说，都记载着一个非凡的历程。

新寨坪挑花作品（方玉萍　摄）

织锦作品（新寨坪村工作人员　供图）

### 3. 织锦

织锦是丝织物中较为精致的高档缎类丝织物。它是在经面缎纹上提3色以上，最多可达7～10色纬花的织物。缎面平挺光亮，细致紧密，质地厚实坚韧，花纹丰富，色泽绚丽。传说早年间新寨坪村有个织土花被面的巧手姑娘，名叫西兰，她心灵手巧，织锦技术高超，只要她见到某种花，就能将它织在花被面上。在她家乡百里之内的花都被她织进了花被面，唯独白果花她没有见过，无法织进花被面里。因白果花是“寅时开花卯时谢”，花期短暂，为采集白果花的花样，她一连几天都子时起床，梳洗打扮后便到白果树下等待寅时到来。后来，人们就将她编织的土花被面称作“西兰卡普”。此后，每个土家姑娘出嫁前都要自己织两床“西兰卡普”做嫁妆，以此来怀念西兰姑娘。

### 4. 雀儿字

雀儿字由新寨坪村民杨通湖创造，他从小爱好书法美术。据他回忆，他在家专心研究书法和美术，一天看到麻雀，便来了灵感，欲借麻雀将书法与美术结合起来，于是便形成了雀儿字。雀儿字是指字的每一笔一画，均由一只或多只鸟画成，鸟儿形状各异，千姿百态，栩栩如生。杨通湖的鸟形书法，一般都是先用浅蓝色的墨水写上文字打底，然后再用黑色的毛笔在事先打底文字的一撇一捺上，绘画出多个鸟儿的图案，组合成最后的雀儿字。杨通湖说，刚开始他学习的也都是普通的书法，后来为了追求一些不同，老人便开始根据一些鸟虫书自己创造这种鸟形书法，杨通湖的鸟形书法会用许多不同种类的鸟儿来画，但他一般都以喜鹊为主。

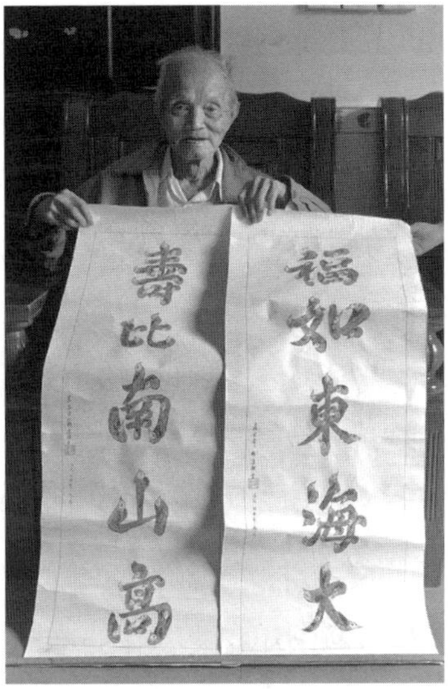


雀儿字创造人杨通湖(李敏敏　摄)

雀儿字作品(方玉萍　摄)

杨通湖的书法创新源于他从小对艺术的不懈追求。他自幼好学勤奋,成年后成了一名人民教师,在教学生基础文化知识之余,杨通湖还希望培养学生们的书法、绘画等艺术兴趣。退休以来,写字作画成为他平时做得最多、坚持最久的事,现在家里面堆满了他的作品。每当家里来人,杨通湖都热情地把书写的雀儿字拿出来给大家欣赏,并讲述每幅字里所蕴含的故事。还有些人慕名而来,请求杨通湖赠字,他都会乐此不疲,满怀激情,挥毫泼墨。

### 5. 上刀梯

上刀梯在新寨坪已传承有50年以上,每年通常会在赶秋节上进行表演。上刀梯一般会选个宽敞的坪场,立一根四五丈高的木杆,木杆顶插一面黄色的旗帜,木杆上横插三十六把长马刀,刀刃向上。为显得严肃庄重,未正式上刀梯之前,刀口都用纸条封着。上刀梯前,传承人会敬酒、念登梯词,念完揭去刀口上的土封纸,赤脚光手,脚踩手攀锋利的刀刃,一级一级地登上去,每上一层阶梯都会念词,以示尊敬和保佑平安。上到顶尖,传承人掏出一只水牛角,仰天吹响,浑厚的牛角号在山谷振荡,梯下成千上万的人凝神静观。传说远古时期,有一个跛脚的人叫张二郎,父母双亡,孤身一人,因饥饿倒在路旁奄奄一息,后被一个姓赵的救起并抚养,因此改名为张赵二郎,以此表示对救命恩人的感谢。有一天,大风袭击了山寨,寨子里所有的人被风沙吹瞎了眼睛,据说只有月亮上的露水可以治好眼睛。为救父老乡亲,张赵二郎决心上月亮取到露水,于是他背一把黄伞,来到高耸入云的大树上,将刀一把一把插在树干上,然后沿着刀梯攀上云天,36天后,只见一把黄伞从天空慢慢落下,伞上沾满露水,苗家人用露水清洗眼睛,村民生活也得以恢复日常,而张赵二郎却永远没有回到人间。为了纪念张赵二郎,上刀梯便成了苗家人流传至今而且有新发展的文化习俗。上刀梯虽是娱乐节目,但也表现了苗族人民的智慧、勇敢以及感恩之心。

### 6. 舞狮

舞狮是新寨坪村的一项传统体育项目,每逢佳节或集会庆典,村民会以舞狮来助兴。传统舞狮是该村村民逢年过节或上梁喜庆中的一大传承,旨在祈祷来年风调雨顺和平安健康。一般舞狮为玩一对“狮子”,每个“狮子”由两个人操控,时而抓耳颔首时而打滚飞跃,还有上方桌、滚绣球等动作。因此,舞狮者必须有一定的武术基础。舞狮在该村已传承上百年,是该村一项传统体育赛事。

### 7. 传统婚嫁习俗

清代、民国时,泸溪婚姻习俗是青年男女婚配,受父母之命,听媒妁之言,生辰“八字”相合者方可结婚,新寨坪亦是如此。结婚时,礼习既隆重又烦琐。结婚前,男方要选吉日送肉酒、衣裳、金银首饰给女方,名为“送彩礼,报日子”。女方送满堂嫁妆,男方派迎亲队伍,抬花轿,吹奏乐,放爆竹,打灯笼火把,在天明之前到女家迎娶。女方故意拦门,要“开门利市”钱。新娘经“开脸”、化妆、吃“离娘饭”、穿“上轿鞋”后,由新郎之兄弟背新娘出门入轿,陪亲队伍即出行。轿夫在中途会有意折腾新郎新娘,比如故意左右“颠轿”,通过一系列活动讨喜钱喜糖喜烟等。至男方大门前,请道士或巫师作法“送轿神”后,背新娘入洞房。婚礼拜堂,喜乐高奏,司仪赞礼,新郎新娘拜天地、拜家堂、拜爹娘、拜长辈,各送见面礼品。夫妻交拜,入洞房,行“合卺礼”,饮“交杯酒”,吃“和气肉”。新郎揭去新娘蒙面红绸帕,俗称“见灯”,又名“圆亲”,接着闹洞房。

### 8. 传统丧葬习俗

20世纪80年代以前,村内丧礼,因贫富而不同。家境富裕的死后,即焚化三斤六两纸钱,用桃叶水洗澡,做起身道场、入殓、哭七、拜七、出讣告、做启棺道场,堂祭后,次日清晨出丧,俗称“上山”。有的迷信风水,在未找到好阴地前,便封柩寄葬于山上。贫困者遇丧事,停灵柩三天左右,唱一夜老人歌,次日即抬上山掩埋。无论贫富,凡死者葬后三日,其亲属均上山为坟培土,俗称“覆三”。每年正月、清明节,全家老小上山为祖坟扫墓拜祭，俗称“祭祖”。

20世纪80年代后，丧葬之事趋于热闹，请客送礼，列队扛花圈，乐队吹打，鞭炮齐鸣，送棺入土。现今丧葬习俗有很大变化，一切烦琐迷信礼节都自动抛弃，代之以佩黑袖纱，送花圈、挽联、挽幛和开追悼会等，寄托哀思。

## 三、自然资源

### （一）自然景观

新寨坪传统村落形成了“古巷古寨层叠起，山谷溪瀑古树林”的整体自然风貌格局。“古巷古寨层叠起”为传统村落的人文格局，共9个村寨，村寨坐落于山坡之间，周边均为特色鲜明的梯田林地，自上而下，层层叠叠，宛如一幅诗意的乡村画卷。“山谷溪瀑古树林”为传统村落的山水格局，“山”指的是村落周边的将军山、坨坪溪山、老虎坳、笔架山、雷鼓包、青龙山、桥头山等自然山体；“谷”指村域内山间的峡谷情人谷，情人谷地势险峭，流水潺潺，相传有一对情人，因父母反对，两人私奔至谷底的一处岩檐下，长期定居，故称之为“情人谷”；“溪”指村域内的落坪溪、小能溪等溪流；“瀑”指村域内的情人谷内天然瀑布，位于棚家坡自然寨下面，总面积50余亩，周围植物以青冈树为主，中间有一棵上百年的桂花树，开花季节峡谷香气扑鼻；“古树林”指新寨坪村域内成片成群、繁茂壮观的原始次生林，如老屋场古树群、棚家坡古树群及村域内其他古树群，共计古树2000多棵。

山涧小溪（方玉萍　摄）

## （二）动植物资源

新寨坪村域内古树名木众多，森林覆盖面积达到90%。境内共有原始次森林600亩；树龄200百年以上的古树近1000棵；500年树龄古树约460棵；800年以上的古树100棵；上百年的古树500多棵。进入村内，首先映入眼帘的是一片片绿意盎然的树木，这些树木大多为古树。有一棵珍稀古树苦槠张开其伟岸的身躯，它高35米，胸径1.33米，有300年树龄，是国家二级保护植物。目前新寨坪村普查登记在册的珍稀古树木有近120株，它们呈群状或散生特点，多生长在红壤之地，最高的有38米，平均有20米。全村保留有大片原始次森林阔叶林，是省内紫色页岩上保存较好的一块常绿落叶阔叶混交林，在约405亩的阔叶林内，有维管植物423种，隶属56科22属，其中属于国家二级重点保护植物的有香果树、伞花木等，省级重点保护植物有中华猕猴桃、钩锥、山拐枣、川桂、黄精等8种。最具特色的是桦树群落中，共有胸径30厘米以上的大树16棵，最大胸径达86厘米，平均树高25米，最高达30米。群内还有珍稀植物赤皮青冈木，木质异常坚硬。野生的桂花树群也保存完好，大叶桂樱在这里长成古树，实为罕见。武陵山区特有的植物柔毛半蒴苣苔、粉花唇柱苣苔和吉首紫菀在这片森林的庇护下，形成了稳定的居群。森林里还有丰富的动物资源，有国家一级保护动物林麝、白颈长尾雉、穿山甲3种，国家二级保护动物小灵猫、白冠长尾雉、红腹锦鸡等15种，湖南省地方重点保护动物50余种。

老屋场是新寨坪村自然环境最为优美的自然寨，村寨周围古木林立、直参云天，其中百年以上的马尾松古树300余棵，最大胸径120厘米，群落内马尾松数量之多、年代之久、林木之大，于湘西州内罕见。松林内空气清新，红岩石板直通苍翠幽深之处，景色宜人。“这是枫香，那是利川润楠，不远处的是刺楸……”寨中年长的老人们热情地讲解着新寨坪小学附近的树木：“再往上走，就是我们村的老屋场自然寨，那里马尾松古树成群。”60多株马尾松，有的面面相觑，有的并肩而立，有的唯我独尊。在最年长的那株马尾松的召集下,它们像相亲相爱的一个家族。年长的“太爷爷”三百余岁,年幼的“孙儿”亦有上百岁。古树群亦与这座古老村寨的村民建立了深厚感情,数百年来,民风淳朴的新寨坪村人视古树群为守卫家园的英雄,古树群多年来被保护完好。

(本章由吴开松、方玉萍撰写)

# 第八章　三角潭村

洗溪镇三角潭村位于泸溪县东北部，东接杜家寨村及沅陵县、北抵塘食溪村、西临花园坪村、南达欧溪村。三角潭村坐落于西水河中下游、麻也坨山为主脉的半山坡上。这里古树、传统民居整体保存完好，一字形木屋与双层吊脚楼相互衬托，依山而建，傍水而居，鳞次栉比，错落有致，民俗文化底蕴深厚，整片村落透着古朴之美，是较典型的苗族、土家族聚居村落。2019年6月，三角潭村被列入第五批中国传统村落名录。

# 一、村落概况

## （一）地理生态环境

三角潭村距洗溪镇政府28公里，距泸溪县城48公里，境内有泸溪县白沙至八什坪、李什坪的公路穿境而过。因村内有酉水河与村内两条小溪交汇而过，故取名为三角潭。全村总面积16.3平方公里，旱地面积800亩、水田面积1500亩、林地面积2800亩、水域面积230亩。村寨坐落于酉水河中下游、麻也坨山为主脉的半山坡上，坐北朝南，后靠300多米高的雀儿包，正面与天桥山遥遥相望，东临狗里界，西与天里冲山接界，屋下有潺潺的酉水河绕村而过。村落在青山环抱之中，四周以桃、李、黄檗等为主要林木。村东有夏季凉爽宜人的当风坳和不知年代的风洞，洞内吹出来的风冬暖夏凉，当风坳坡下有百年古岩石路，是古人骑马赶场的必经之道。

三角潭“三溪”交汇图
（三角潭村工作人员　供图）

## （二）村落历史

三角潭村始建于明清时期，源于明朝“江西填湖广”。在改土归流初期，江西籍人口纷纷进入湖南，辗转进入原土司地区开垦土地，从而形成“湖广填四川、江西填湖广”的移民浪潮。三角潭村梯溪坪自然寨位于半山腰上，是三角潭村的中心寨，这里有山有水，有沿溪沉积而成的宽大平地，土地肥沃，农耕条件好，先人们在这里开田垦地，建立家园。

梯溪坪在明朝时期被称为梯竹坪，是一座用“围墙”围起的村子。相传，当时有个猎人来此打猎，休息之余，看到有处岩石（现为梯溪坪寨口的古井）里有水，水里有一对锦鲤，觉得此处风水极好，便决定在此定居，后从沅陵县泸坪搬来很多族人。随着人口的增多，人们为保护自身安全，一起修筑了围墙，便形成了当时的梯竹坪村。围墙东南西北四个方位各有一处寨门，有专职人员守门，对进出人员进行管控。据说，围墙里房子密集，邻里拜访即使不带伞，也不会淋湿衣物。房子之间都有防火墙，村里有完善的排水设施，距今已有四百多年历史。村民们说入寨先祖最初在该村选址时，还看中这一片“梯形地”梯地较平缓且逐级升高，蕴含有“步步高升”之意。依山近水，寨下及两侧有300余亩的梯田，两旁侧路便于耕耘，甚是方便，且因古时四周竹林茂盛，故以梯竹坪命名，后改名为梯溪坪。改土归流区地广人稀，外来移民“指手为界”，能以低廉的价格购买广袤土地，在此后的发展中，移民逐渐以梯溪坪为中心，向四周扩散建寨。2005年原梯溪坪与大村潭村合并成三角潭村，之后其他自然寨也被相继合并到三角潭村。

## （三）村落人口

三角潭村有12个自然寨，全村基本为苗族和土家族。12个自然寨是扒潭上寨、扒潭下寨、大村潭寨、桃坨寨、八零寨、三角潭寨、岩板滩寨、梯溪坪寨、梯溪坪店上寨、倒水坪寨、覃家坡寨、土角坡寨。其中梯溪坪、大村潭、扒潭的传统文化保存较好，人口较多。梯溪坪寨有106户，413人，大多为土家族，主要姓氏为向、王、杨姓，日常交流以本地土家族方言为主。大村潭寨有113户，402人，大多为土家族，主要姓氏为杨、田姓，日常交流以本地土家族方言为主。扒潭寨分为上寨和下寨，共有125户，465人，大多也为土家族，主要姓氏为田、杨、向、王姓，日常交流也以本地土家族方言为主。其他自然寨共有308户，986人，其中土家族人口占比高于苗族。苗族成员多聚集在岩板滩寨和土角坡寨。主要姓氏为龙姓、彭姓，以泸溪地方特色苗语为主要方言。2018年，一把大火将三角潭村内有三百多年历史的桃坨自然寨摧毁，这是三角潭村历史文化遗产与经济生活的巨大损失，也为三角潭村传统村落的保护敲响了警钟。

## （四）物产与特色产业

受自然条件限制，三角潭的传统产业以水稻、玉米为主，通常是自给自足，家中有余便去售卖来增加收入。随着精准扶贫的推进，通过产业扶贫，村内逐渐有规模地种植烟草、药材，养蜂、黄牛等。当前三角潭产业发展主要以发挥“能人效应”、带动“林下经济”为主。

“林下经济”的实施开启了三角潭村经济发展的大门。该村大面积种植黄檗、黄精、青蒿、通草等药材，黄檗收获周期长，完全成熟需要4～8年，而黄精与其他药材收获周期短，以短期经济效益促长期经济效益成为三角潭产业发展的重要特色，并取得了阶段性成功。三角潭村生态环境好，山地资源丰富，2012年成立种植养殖合作社，采取“公司＋合作社＋基地＋农民”的模式，经过土地流转集中连片开发，发展中药材订单种植。经过几年的努力，合作社现种植黄檗与黄精各5000亩、青蒿2000亩、迷迭香600亩，截至2019年6月，产业覆盖带动了洗溪镇多个村落662户2892人发

“林下经济”药材种植基地(方玉萍　摄)

展产业、脱贫致富，其中建档立卡户有607户2580人。为做强做优产业链条，合作社充分发挥核心中药材基地的引领作用，优化产业布局，依托黄檗林地套种黄精，提升土地综合利用率。合作社立足市场，不断创新发展思路，在致力扩面提质的同时，走药材深加工路子，进一步提高产业效益。迷迭香市场前景广阔，它易栽培、用途广且成活率高，一次栽植可多年采收，在泸溪县武溪、洗溪等地实现可持续发展，三角潭村2018年新开的40亩迷迭香成活率达100%，经过近两年的生长，株体茂盛，长势喜人，每亩可获益3000元，为该村产业发展注入新的活力。

黄檗种植（方玉萍　摄）

青蒿培育（方玉萍　摄）

三角潭村农民增收也离不开乡村能人。自古以来，我国就有乡贤文化，古代的乡贤对乡村建设的贡献就包括对乡村文化的传播、乡村道德的培养、乡村基础设施的建设、乡村教育事业的促进等。现在我国农村有“新乡贤”之说，称为“能人”。张祖金，今年57岁，系洗溪镇塘食溪村三组人。他于2012年成立合作社，共672户农户加入到合作社积极参加种植青蒿，他免费供苗并提供技术指导以及销售技巧。2014

乡村能人张祖金（方玉萍　摄）

年为了拓宽产业发展思路，他又选择走多元化发展的路径，种植黄檗以建立第二产业发展链。目前张祖金不仅在该镇种植黄檗药材上万亩，而且在浦市和达岚两镇都建立黄檗种植基地，带动一方平民百姓脱贫致富奔小康。2018年，张祖金又创新性地同步推进多品种种植。他不仅是一位农村致富带头人和能手，而且还是一位慈善人士。10多年来，他帮助5名贫困学生完成大学教育，帮助1名贫困学生完成研究生教育。助医救治10多人，帮助30多户残疾人家庭发展产业以脱贫。投资30多万元支持村集体修路架桥以改善基础设施建设，带动贫困人口2892人创业发展。

## （五）经济社会发展状况

三角潭村建于山水之间，远离城市，人们的生活与生产曾受到一定影响。早些年，该村属于贫困村，村民收入低，但在政府的大力扶持下，村民经济状况逐步改善。三角潭利用先天自然条件和历史文化悠久的优势，逐渐形成自己的经济发展模式，乡村经济得到迅速发展，村基础设施建设与公共服务得到进一步完善。

自开展扶贫工作以来，三角潭村取得了卓越的成效。根据县委、县政府发展产业的指导精神，三角潭村遴选“泸溪县金土地中药材种植专业合作社”为村产业扶贫专业合作社。根据村里实际情况，对在家里发展产业的采取直接帮扶方式，对全家外出或无劳动力的采取委托帮扶，用两种方式加强就业扶持，确保农户增收。2020年全村建档立卡贫困户劳务输出358人次，2016年至今已有352人享受了一次性交通补贴。为了解决在家劳动力的增收问题，三角潭村合理利用公益性岗位政策，已转岗就业的共41人，分别是生态护林员16人、村保洁员21人、水管员3人、护渔员1人。2020年已全部实现脱贫摘帽。为增加村集体经济收入，除光伏发电外，三角潭还有500亩的油茶开发项目。

此外，三角潭村注重完善基础设施建设、加强教育与完善医疗保险。基础设施方面，三角潭村新修土脚坡过水路面桥，新建倒水坪至覃家坡桥梁一座，对一组至七组13500平方米的村间道路硬化、提质，欧溪至三角潭村级公路实现通达；新修一组至七组供水工程，通过集中供水方式解决了全村吃水问题；全村完成农网改造，实现生活用电、生产用电全覆盖；村里建有418平方米农村综合公共服务平台，并有人值班，帮助村民答疑解惑、提供帮助，实现村民少跑路，真正做到为老百姓服务。教育方面，政府加强教育扶持，确保全村义务教育阶段入学率达100％，没有辍学人员；全村目前享受教育助学的人数为225人，其中学前教育35人，小学阶段91人，初中阶段45人，高中阶段28人，职中阶段8人，享受雨露计划的有18人。同时，三角潭还加强社会保障，预防返贫风险，全村医疗保险参保率为100％，对慢性病村民实行村医全覆盖签约服务。低保应保尽保，全村享受养老金的老人有198人。

## 二、文化遗产

### （一）物质文化遗产

遗址遗迹是一个村落的历史见证，不仅反映了村落的历史风貌，还成为村落特征的要素构成，如塔桥亭阁、井泉沟渠、壕沟寨墙、堤坝涵洞、石阶铺地、码头驳岸、碑刻石、庭院古树名木以及传统产业遗存和历史上建造的用于生产、消防、防盗、防御的特殊设施等。三角潭依然保留着这些要素，如古巷道、古井，以及伏波将军庙、古石墙、古树群、古岩马石、古岩板坡等。

**1. 特色民居**

在三角潭村传统建筑数量占全村所有建筑的84.92％以上，现有保存较完好的古老建筑74栋，传统风貌建筑185栋。村内传统建筑主要分布在半山腰，地形下陡中平，便于建房。民居住房多建在半山坡上的平缓地带，显得视野开阔，在战乱年代民居有瞭望哨所的作用。另外，半山腰地区的地势较高，故水不易集结，地面较为干燥，可以有效防止近水而导致的湿气重。三角潭村内主要有三类传统民居建筑。

特色民居(方玉萍 摄)

特色吊脚楼(方玉萍 摄)

二层吊脚楼(方玉萍 摄)

一是以正屋连推马楼为建筑体,坐东朝西而立。此建筑有两层,外壁靓丽光滑、耀眼夺目,屋顶瓦面是传统泥坯烧制成的小青瓦盖面。建筑用材均采用松、杉木为主料,多为雕花门窗,供通风换气使用。正屋两边为住房、堂屋。吊脚楼的一层为厨房、粮仓,摆放农具所用。二层是专门睡觉休息的地方,楼层高2.3米左右。二层一般为待出嫁的姑娘居住,在青油灯下纺纱刺绣,和情郎谈情说爱、幽会也在此楼上。建造此类型民居时,需要全村出人力帮忙(换工),选择良辰吉时上梁、唱梁、甩抛梁糍。亲戚朋友前来祝贺,赠送牌匾及楹联。

二是四面吊瓜、坐北朝南的二层建筑。此建筑外壁采用松木板装饰防腐漆刷面和泥坯烧制的小青瓦盖面,用格子窗供通风换气。一层用作粮仓或厨房,可摆放农具以及制作烘烤腊肉、腊豆腐等,二层为居住场所。该类房子在修建时,需起用当地专门修建吊脚楼的木匠,再集小工帮忙,择吉日排扇立柱并安排唢呐吹奏,在爆竹声中祝贺上梁。此类建筑的典型代表造于清朝,为五柱六挂、四排三间结构建筑。

三是背靠北面的雀儿包,面朝南方的西水河、天桥山、黄股帮或青家山。整体为一层结构,泥坯烧制的小青瓦盖面,室内高度约为3米。房屋当头有临时搭建的偏房或修建的洗澡室。堂屋正中有“天地君亲之位”的神位牌匾，这厢堂屋正中所装壁板必须是单数且木板不能倒置安装。造房抬料时因运输路途较远，只能打短运子，或有人接替。在新居立起时唱梁，从堂屋中间架梯上梁头开始，唱罢抛梁粑。主要唱词有：手攀主东一匹枋，官居一品坐朝堂；手攀主东二匹枋，而似桃源信自香；手攀主东三匹枋，三阳开泰大吉祥。

### 2. 古巷道、古石门

三角潭现尚存古石门4处，古寨门3处。在古代，巷道与石门的相辅相成构成简单的防御系统保护村民们生活安宁幸福。三角潭古巷道与古石门的历史要追溯到明代村落初建之时。据说，江西移民来此定居后，随着移民的增加，村落雏形逐渐形成，但也饱受外村以及野生动物的威胁，人们便协商在村子周围修筑围墙，用以保护村民不受侵犯，使村民们能在围墙内安居乐业。围墙通常会留两扇门，一扇上山门，一扇下山门，每扇门派两名青壮年看守，不许外人随意出入。当前三角潭中保护得最好的石门位于扒潭自然寨，上下山两个石门都尚存，距今已有几百年。古巷道由居民就地取材（碎石和青石板）铺建而成，目前有部分被改造成水泥路面，主要道路有两条，均作为上村下寨之用，呈现八字形，分别从寨内的两侧通往上寨，坡下只有一条路，是进寨的必经之路，便于把关守寨。

古巷道（方玉萍　摄）

古石门（方玉萍　摄）

### 3. 伏波将军庙

村里有一座伏波将军庙，位于梯溪坪自然寨山脚，逢年过节村民会来此祭拜。此庙是为了纪念东汉光武帝时期的马援将军。马援，字文渊，官拜伏波将军。马援将军在北方征服过乌桓，在南方平定过交趾。明代著名思想家王守仁作的诗“卷甲归来马伏波，早年兵法鬓毛皤。云埋铜柱雷轰折，六字题诗尚不磨”，便是马援将军生平事迹的真实写照。建武二十四年（公元48年）秋天，马援将军出征武陵（今湖南常德），平定五溪蛮叛乱。次年三月，经壶头山进军，因水流湍急，停止前进，适逢天气酷热，马援将军身患重病，病死军中。当时的梯溪坪百姓钦佩马援将军的爱国爱民、忠君报国之情，在村头建了一座伏波将军庙。后被人为毁坏。现在的伏波将军庙是村民根据当年遗址和先辈们的回忆重新修建而成，虽不复当年壮景，但村民们的敬畏之心却从未有变。每逢农历二月初四、九月初四，会有善男信女手捧香纸进行祭拜。

### 4. 明代砖墙

梯溪坪自然寨还保存有一处明代古砖墙，据说这里曾是一座四合院，但因年代太久，未加以保护，现只剩下一面古砖墙。关于这栋四合院，村

明代古院墙（方玉萍　摄）

明代古石匾（方玉萍　摄）

寨里流传着许多不同的传说故事,等待后人去研究。据说当时旁边还有一座四合院,也已经完全被毁坏,只剩刻有“福亨元”三字的石牌匾,意为“福运亨通”。

### 5. 清代石刻

扒潭自然寨有一块大石匾,于清代雕刻而成,上面刻有“业绍建康”四字,字两边刻有桂花树和凤凰的雕花。据说,该石匾由土匪孙亿伍的祖辈传承下来,因他与其他土匪之间不和,导致其被暗杀,故现在没人了解石匾的具体来由,只知其有三百多年历史。村民说以前寨子里只有大户人家才会有这么大的石匾,寓意能继承父祖家业、薪火相传以及家族人才辈出。石碑上有两只凤凰栖息于桂花树上,桂花花开代表双凤朝阳。“业绍建康”四字右侧和左侧刻有“松生千年岁,桂秀万世香”的对子。

百年石匾(方玉萍　摄)

### 6. 古井

梯溪坪自然寨东北方有一口古井,常年绿水长流、清澈甘甜,村民们世代饮用这里的井水。传说古时井中有一对成仙的鲤鱼精在戏水游玩。村民们会在水井里放上几条鱼,该习俗代代相传。究其原因,有三方面说法:一是警醒村民。水井

百年古井(方玉萍　摄)

属于共用的水源,村民们在水井里面养鱼是用来查看水源情况,一旦井里面的鱼死亡,就说明井水可能是出了问题,这也是给人们一个警示,提醒大家暂时不要饮用井里的水,以防中毒生病。二是清除污迹,保护水源。到了夏天,水井里面就会长青苔,青苔里面容易隐藏小虫子,而水里面养鱼能够把这些有害的东西吃掉。三是寓意吉祥。在水井里面养殖鲤鱼,鲤鱼寓意吉祥,会祈求龙王爷保佑大家,保佑风调雨顺、五谷丰收。梯溪坪因水源清冽而远近闻名,村寨地处三县交界,沅陵、泸溪、古丈均有一句广为流传的话——“湖南辰州府,梯溪坪好凉水”,这足以证明其作为水源地之盛名。

## (二)非物质文化遗产

三角潭村属于少数民族聚居村落,先民们在漫长的历史发展进程中,创造了丰富多彩、独具特色的民族文化,三角潭村非物质文化遗产众多,至今传承得较好的主要是湘西木雕、苗族挑花、织锦等。另外,三角潭村民的先祖主要是“江西填湖南”移民浪潮中从江西等地辗转而来的,其中以土家族居多,“山—水—林—田—寨”构建了人与自然和谐相处的共生格局,其间形成了婚丧嫁娶、饮食休闲、生产生计等各方面的独特民俗文化。

### 1. 湘西木雕

三角潭的木雕不同于新寨坪的木雕,若说新寨坪现在的木雕是艺术,是锤炼打磨而来,三角潭的木雕则是生活。它的雕刻艺术既保留了苗族文化讲究象形、对称的传统审美观,又融入汉族的文化元素,并始终与建筑艺术相生相伴。历史文化底蕴深厚的浦市镇,集中体现了湘西木雕工艺与民众生活的关系。2012 年,湘西木雕被列入湖南省非物质文化遗产保护名录。

三角潭村传承的湘西木雕在整体风格上有地域性和统一性,明显地表现出对湖湘文化的继承和创新。但统一中有多样,在局部和个人的创

木雕(方玉萍　摄)

木雕(方玉萍　摄)

作上又具有很强的独创性，蕴含着丰富的人文精神。湘西木雕的内容丰富、题材多样，尽显民间木雕艺术家瑰丽奇幻的想象力。主要的内容和题材有：一是吉祥图案，用龙凤喜鹊等一些吉祥图案寓意平安如意等；二是人物故事，主要包括戏曲人物、小说演义、历史英雄和神话传说等；三是体现现实生活题材，包括放牧、耕种、商贾和情爱等社会生活方面；四是花草、飞禽走兽及瓜果蔬菜等。由此可看出湘西民间木雕的题材和内容十分广泛，除少数的图案较抽象外，绝大部分是当地人民熟悉、喜爱的事物，反映出当地人民对美好生活的向往，透露出淳朴的民风、乐观的民情。湘西木雕手法简约，但却富含神韵。在木雕的造型上，手法简约，简洁生动，沉稳大气，造型虽雕刻得不细腻，甚至有的还很夸张，但是其寓意深远。在刻画人物时，本着动态传神的原则，随性雕刻其五官表情，也不拘泥于人体各部位的结构和比例，充分突出人物造型。

**2. 赶集**

三角潭地处三县交界(沅陵、泸溪、古丈)，多条公路穿境而过，为附近村落共有的商业集市，是一个地处“商贸中心”的古村落典范。在以前，人们交通不便，出行不易，生活在各地的人们，终其一生可能达到的区域有限。庄子很早便对这种状况做了描述，“适莽苍者，三餐而反，腹犹果然；适百里者，宿舂粮；适千里者，三月聚粮”，三角潭集市的出现为这种不便提供了出路。三角潭自古以来便是周围村落赶集的地方，在这里村民进行物物交换、货物买卖等商业活动。赶集也叫赶场，各地方有自己固定的时间和场所，三角潭则是五天赶一次，地点为三角潭自然寨。该集市成立于清代(1887年)，当时八什坪、沅陵棋坪、古丈山枣等地的人民每逢农历初四和初九便会聚集于此，主要交易农产品、农具、生活用品、食品、牲畜等商品，使这里成为村民口中代代相传的“商贸中心”。

## 三、自然资源

三角潭村地处武陵山脉，地形复杂，是典型丘陵地区，多低矮山地。该村背靠雀儿包，面临西溪河，村域内小溪流众多。村寨植被保护完好，森林覆盖率达98%以上，林木种类繁多，以松树、柏树居多，其中现存的百年古树有几十棵，村南的松柏古树，树龄达400多年。这里四季分明，具有明显的大陆性特征。夏半年受夏季风控制，水热同季，降水充沛，气候温暖湿润；冬半年受冬季风控制，降水较少，气候较寒冷干燥。年均降水量为1465毫米，年日照时间为1432小时，无霜期为278天，年平均气温17.4℃。四季分明的气候条件让三角潭村春天漫山遍野，夏天树木郁郁葱葱，秋天稻谷飘香、满山落叶黄，冬天白雪“层林尽染”。这里动物繁多，是动物的天堂，主要有红腹锦鸡、野天鹅、野猪等。

风景图(方玉萍　摄)

(本章由吴开松、方玉萍撰写)

# 第九章　李什坪村

李什坪村位于泸溪县洗溪镇，村庄坐落于山坡之上，山水环抱，周边均为特色鲜明的梯田林地，自上而下，层层叠叠，宛如一幅充满诗意的乡村画卷。村内有明代石碑、古桥、古井和多处清代古建筑，各自然寨的特色民居均为木质结构建筑，使整个村庄保持一种古朴之美，形成了独有的传统村落风貌。因其传统建筑、文物古迹、民俗文化传承较好，村落历史悠久，2019年6月，李什坪村被列入第五批中国传统村落名录。

# 一、村落概况

## （一）地理生态环境

李什坪村位于湘西土家族苗族自治州泸溪县洗溪镇，东接沅陵县，北抵古丈县，西临吉首市，南邻塘食溪村，距洗溪镇政府22.1公里，距泸溪县城26.9公里。村寨地处武陵山腹地，村域范围内地貌类型以山地地形为主，平均海拔为612米，地势起伏较大。村里水资源比较丰富，村落范围内有酉水3条支流，顺山向南流出，有卧狗溪和紫林溪两处小型水库，分别位于卧狗溪自然寨与李什坪自然寨；地下水资源充足，可满足农业生产和生活用水。李什坪村全村退耕还林1284.7亩，耕地面积为2200亩，水田面积为1000亩，旱熟地面积为1200亩，全村生态林面积为7703亩。李什坪自然寨的地貌远看犹如一只凤凰展翅欲飞，“凤形地”地势平坦，土壤肥沃，适宜开垦稻田。“凤形地”后大山环绕，山上古木森森，珍贵木材丰富，饮用水源充足，且是纯天然泉水，“凤形地”两边至今存有水旱无忧的可耕稻田400余亩。

村落一隅（方玉萍　摄）

## （二）村落来源

李什坪村的历史可以追溯到明朝，源于“江西填湖广”运动。村落中田姓人口较多，说起村里田氏的由来，要从“吃外婆家的饭”说起。传说最初田氏来此地是投奔娘家，当时就娘家一家人居住于此，外公姓肖，之后田氏族人来此定居，也称“吃外婆家的饭”。田氏来此定居后，一家生了八个孩子，家族规模也逐渐扩大。寨子现依旧保存有田氏先祖的坟墓，每年清明，村里的田氏村民们都会去祭拜。

李什坪村原名李什坪大队，位于半山腰上。村落由李什坪、上云界、卧狗溪、老鸭溪、烧肉溪、牛食溪六个自然寨组成。六个自然寨以李什坪自然寨为主，整个李什坪自然寨坐落在半坡上，呈梯形层层向上，房屋层次分明，层层叠叠，前有溪水环绕，为典型的“玉带缠腰”格局。随着家族人丁兴旺，子嗣繁衍，一些人搬到其他几个寨子。当地人依据地形和生活习性，给每个自然寨进行命名。李什坪因山上野生李子多，于是当地人便命名此地为李子坪，后不知为何更名为李什坪村并沿用至今；上云界自然寨的祖先并不是因“江西填湖广”运动来到此地，他们的祖先在清朝时期从山东转至北京，几经辗转来到现在的上堡地区，后又搬迁至现在的上云界地区，之后一直居住下来，该自然寨建筑从中心岩石向周围展开，形似半圆，灵气十足，被原始次生林包围，下雨后望眼过去云雾缭绕，似与天齐，仿佛一步便能登天云游，于是这里便被命名为上云界，意为此地可上天云游，因其地处李什坪村边缘，地势高峻险要，古时也有镇守边界之说；卧狗溪则因形似一条卧着的狗得名，村落依山傍水，东靠卧狗溪水库，南北开垦农田，四周山体环抱；老鸭溪是因为此处乌鸦尤其多，故被人称为老鸦溪，后逐渐写为老鸭溪；烧肉溪与牛食溪则更表现出来了浓浓的生活气息，烧肉溪这一名字源于最初来此砍柴打猎之人，他们在此歇息烤肉吃；牛食溪是因牛总爱往山上吃食，并在坡上到处拉屎，最初被人们叫作牛屎溪，后逐渐被称作牛食溪(坡)。至今，这些名字已被村民们熟知并保留下来。

## (三)村落人口

李什坪村是苗族聚居村落，地方语言以瓦乡话为主。村落里居住的村民以田姓和杨姓两大姓氏为主，70％为田姓，其余的为杨姓和其他姓氏。主要民族为苗族，占比90％，剩余10％为外嫁进来的其他民族。全村辖5个组6个自然寨，共365户1292人，常住人口只有100人左右，目前通过易地搬迁搬出148户。村中大部分青壮年外出务工。

## （四）物产与特色产业

李什坪村土壤富含硒元素，种植富硒茶成为当地特色产业。李什坪处于自然保护区范围内，不能大兴土木，“套种”的出现给李什坪村带来了发展机遇。“套种”意为在树下面种植富硒茶，在富硒茶下面种植药材黄精，实现了农业规模化、技术化、村民利润最大化种植。农户采摘茶叶被公司全部收购，茶叶在合作社进行生产加工后销售，年产量达1000斤左右，一年采三季。现共开发茶林1930亩，成功种植的有700～800亩，已开发五年，现有茶地将继续被开发。

同时，为了改善全村的生活环境和条件，李什坪还大力发展集体经济。2018年以发展养蜂产业为主，由驻村扶贫工作队、村支“两委”免费向金华蜜蜂养殖专业合作社提供200箱蜂源，折价17.8万元，由合作社负责日常培管，可年产3000斤蜂蜜，2018年合作社向村委会返现5万元，2019年返现6万元，2020年返现7.8万元。总体来看，村落种植养殖采取合作社的形式，农民以土地入股，农民在茶园工作，不参与公司业务，并实行“土地流转模式＋产业扶贫资金＋合作社资金支撑＋合作社加工销售”、政府销售等多方面销售渠道。村里每年提取5％的利润作为集体收入。

富硒茶种植林（方玉萍　摄）

2019年村集体发展光伏发电项目，年发电17.14万度，年收入5万元左右。村委会用发展集体经济的收益重点开展公共服务和重点贫困户扶持。村内有两个合作社，目前有148户575人参加合作社并建立了利益联结机制。

## （五）经济社会发展状况

近年来，李什坪村的经济得到快速发展，村寨的基础设施建设、医疗、教育情况逐渐完善，居民收入水平也不断提升。

为帮助村里贫困户实现脱贫，茶林优先雇用村里的贫困户在茶林工作，每月付固定工资，让他们既能顾全自身和家里，也能有经济来源。李什坪村原有贫困户148户576人，2020年已经全部完成贫困摘帽。同时，村支“两委”班子在产业扶贫的基础上不断完善基础设施建设与社会公共服务，为实现精准扶贫与乡村振兴提供有效契机，为李什坪生态旅游业的建设提前做好准备。全村5个组有4个组完成了道路硬化，实现道路通畅，1个组完成了路面改造，实现通达；3个组通过引水集中供水、2个组通过打井电排抽水集中供水方式解决了全村吃水问题；5个组完成农网改造，实现生活用电、生产用电全覆盖；贫困户全部买了医保、大病保险、特惠保，实现慢病签约全覆盖，享受先诊疗后付费，一站式结算，报销住院总额90%。

农村安全饮水工程标志（李什坪村工作人员　供图）

乡村教育作为乡村振兴之本，教育兴则乡村兴，在新形势下,李什坪村着力关注教育。当前,全村义务教育阶段学生全部在校就读,无辍学现象,入学率100%,对因残疾障碍不便去学校的学生,会有专门的老师周末给孩子在家上课。目前李什坪村已走出2名博导,1名博士后,4名博士和十几名研究生。本村的人才归乡反哺,在就业以及农村产业发展方面都贡献出了力量。

## 二、文化遗产

### (一) 物质文化遗产

李什坪有较多的遗址遗迹,一些已遭毁坏,只留下残迹,一些却保留完好,等待着后人挖掘。该村有古巷道多处、古井4处、古桥1处、有字“天书”3处、古寺庙2处,有保存较完好的古老建筑19栋,其中清代建筑4栋,民国建筑15栋,清代四合院遗址多达10余处。

**1. 清代四合院遗址**

说起四合院,村民们都会提及杨大人,也都能对他的生平事迹简单讲述一番。杨大人原名杨玉奇,生卒年月不详。清咸丰四年(1854年),随张世富入湘军杨岳斌舢板队。咸丰十年(1860年),随张世富黑旗军凯字营赴安徽等地作战。光绪十年(1884年),随张世富率领的凯字营镇守福建建宁炮台,对战入侵的法国水军。马江海战后,清廷调张世富任松江提督,杨玉奇任参将,正三品。后因思念家乡请辞告老还乡,在家修建四合院,乡人称其为杨大人。民国时期因失火四合院木质房屋被烧

杨玉奇四合院遗址(方玉萍　摄)

毁，现仅存石门及部分院墙。虽然现只剩下遗址，但也能从村民们口中领略当年四合院的风姿，房子的院墙、岩石朝门均形成于清代和民国时期，用于防御和村民生产生活，在布局和建筑上体现了苗族传统建筑和汉族传统建筑的有机结合。院内按三层梯级结构修建木质房屋，除正门之外，两侧均有侧门，加上内室的门，四合院共有48个石门，三层阶梯状的建造构成整个大院子，三层代表三个小院子，各院子又分成若干房间及区域，主要分为吃饭、休闲与办公区。

**2. 古井、古桥与古道**

李什坪村现依旧有保存完好的古道4条、古井6口和古桥1座。大山半山腰自生一天然“水井”，井边矗立两棵数百年树龄的古松，与水井交相呼应，相得益彰。相传此井形成于明清时期，古井曾为贡井，皇帝特诏地方官派兵守护古井近百年，后因大规模战乱而作罢。除了古井，勤劳的李什坪村村民为了生活的便捷，明清时期集全村力量修建了一座古桥，至今已有约150年的历史，位于李什坪自然寨山脚，是由石灰岩和红岩石搭建而成的拱形桥，坚韧挺拔，古桥充满了古朴的历史文化色彩，衬托着李什坪村悠久文化的淳朴厚重。李什坪山脚横着一条小溪，去对面的山上砍伐树木和开垦田地等十分不便，古桥给村民们带来了极大的便利。村落还尚存形成于明清时期的四条出寨道路，用于村民生产生活和社会交往。几百年以来，古道见证了世代村民们的生活气息，道路均由青石板铺就，有的贯穿全村，有的蜿蜒连接山顶与山脚。

明清石拱桥（李什坪村工作人员　供图）

### 3. 特色民居

李什坪村主要以吊脚楼为主，吊脚楼为村民居住生活场所，多为木结构，用小青瓦、花格窗、司檐悬空、木栏扶手。房屋四周用石头、泥土砌成围墙，窗花有浮雕、镂空等多种雕刻工艺，雕刻手法细腻，内涵丰富多彩。房屋多依山就势而建，因“左青龙，右白虎，前朱雀，后玄武”之势而被用作宅基地。

二层结构吊脚楼。房屋为木质两层吊脚楼结构，四周装有木壁板，通常为“四排三间”“五柱八挂”结构，坐西朝东，屋顶盖小青瓦，一层房屋正面除门之外，安装窗户，两侧为住房，中间堂屋后壁为祖先神位，即神龛。二层中间为休息场所，两侧为住房，四周设走廊。正面左侧建有一间偏屋，作为厨房使用。四排代表李什坪村典型的木房结构；三间代表中间是堂屋，两边是住房（古代只有尊贵的客人才能进堂屋）；五柱代表有五根基脚柱头；八挂指吊脚楼二层有八个圆脚。很多古宅都有200年历史。屋外有一块平场，秋收时用来晒稻谷，平时用来休闲。

二层吊脚楼（方玉萍　摄）

依山吊脚楼（方玉萍　摄）

依山而建吊脚楼。此类吊脚楼房屋成排布局。吊脚楼充分利用土地空间，在房屋一侧修建偏房用作客房或灶房。吊脚楼有着丰厚的文化内涵，土家族和苗族的民居建筑注重龙脉，依山势而建，除了有与自然和谐相处的意念外，还有着十分突出的空间宇宙化观念。吊脚楼容纳的空间宇宙观念在土家族、苗族上梁仪式歌中表现得十分明显:“上一步,望宝梁,一轮太极在中央,一元行始呈瑞祥。上二步,喜洋洋,‘乾坤’二字在两旁,日月成双永世享……”这里的“乾坤”“日月”代表着宇宙。从某种意义上来说,土家族、苗族的吊脚楼使房屋、人与自然环境看上去浑然一体,密不可分。民居建筑房门、雕花格窗的设置形成于清代和民国时期,其功能为房屋装饰,体现民族传统建筑风格。民居堂屋是重要场所,内部后壁设祖宗神位,堂屋平时不开放,主要用于秋收时节堆放稻谷和婚丧喜庆。

特色民居(方玉萍　摄)

坐北朝南木质结构房屋。房屋为木质结构,坐北朝南,屋顶盖小青瓦,四周装有木壁板,中间为堂屋,两侧为住房,堂屋后壁为祖先神位。整栋均为纯木质结构。村民们把从山上砍回的生柴放在屋后,自然风干,平时保护房屋不被雨水浸湿,冬季用来熏腊肉。民居建筑的屋瓦为小青瓦和经过加工而成的基石,形成于明清时期,发展于民国时期,多作用于建筑的顶部,体现了苗族传统建筑的文化特点。

#### 4. 有字“天书”石刻

有字“天书”石刻(方玉萍　摄)

李什坪村有三块有字“天书”,位于村落山脚的石板上,已经无从考究,有字“天书”的存在为李什坪村罩上了神秘色彩。何为有字“天书”?正如字面意思,石板上刻有字,却无人能识。

## （二）非物质文化遗产

李什坪村属于少数民族聚集地，民俗文化遗产众多，如苗族跳香、数纱、饮食文化、婚丧嫁娶等，至今传承较好，具有典型的地方特色。

### 1. 穿戴文化

李什坪村传统服装的布料是自家纺织的土布，男性一般穿对襟便衣，青色大筒裤，凸显苗族汉子踏实勇敢、雄壮威武，独特的筒裤大喇叭设计有利于散热。相对来说当地苗族女性较为保守，女性着满襟便衣，不得穿暴露的衣裳，头戴自家数纱而成的头帕，下身也与男性一样配青色大筒裤。

该村苗族数纱传承人有周金菊等。当地独特的戴纱文化为李什坪的"数纱"赋予了不一样的生命力。戴纱文化和技术无关，却与村民们的生活习性和传统文化息息相关。据村民介绍，戴的纱有两种颜色：一种是白色，主要用于生活中防头冷；另一种为纯黑色，用一句话来概述，"结婚戴来，去世戴走"，意思是结婚的时候新娘需要戴着这个纱巾，新郎则不需要戴，但是当老人们去世的时候无论男女都需要戴上。

### 2. 婚丧嫁娶文化

李什坪村的婚嫁习俗蕴藏着深厚的文化传统，婚嫁可分为恋爱期、定婚期和结婚期，不同的阶段有不同的活动，不同的活动当中又有很多独具特色的礼仪与规范。而婚嫁能否顺利完成，订婚期与结婚期尤为重要。订婚期间，男方要主动到女方家接受审议，订婚日当天，女方家要杀公鸡一只，煮熟后，双方共同观看鸡眼，入夜时举行。订婚成功接下来便可以选定日期结婚。结婚的前一日叫"插花日"，此日女方家宾客齐集，男方必须在插花日派迎亲队伍去女方家，领队的男人叫"娶亲大哥"，女人叫"娶亲婆"，一路吹打到女方寨外鸣放鞭炮，女方摆上"拦门酒"，双方要对歌。然后就请迎亲队入席饮酒，女方青年男女趁劝酒之际，将沾满锅灰的手向娶亲人脸上抹，名曰“贺喜”。散席后，投掷豆渣和荨麻叶围攻娶亲人，这叫“打亲”，又叫“打发”。晚上对唱山歌，通宵达旦。结婚日叫“正日”，黎明发亲，送亲大哥（兄弟）背新娘至花轿中，再抬去男方家。娶亲婆持一红伞行前，到男方家后，轿停门外，再由兄弟将新娘背入洞房。男方于门前烧火一堆，新娘必须跨火入户。结婚3天以后男方需要带着新娘“回门”，这是结婚仪式中最后一个不可缺少的环节。由新郎的父亲或者是大伯、叔伯领着新郎、新娘，并带上一对鸡、一升米、一斤酒。到达娘家之后一般要住上3天。返程时女方家会交一只母鸡由男方带回去。

相较嫁娶，丧葬就相对简单一些，但每个环节都有着重要意义。老人亡故，必请人“封丧入殓”，灵柩在堂屋正中停放三、五、七天，出葬的前一天，众亲族齐集，“吃老人酒”，歌手通宵达旦唱“老人歌”。黎明“起丧”，由族众抬至山上挖穴埋葬。

## 三、自然资源

### （一）自然景观

李什坪村的自然景观表现出典型的湘西山地丘陵特征，为方便生产生活，房屋田地应地形地势而建，村民们建村于山林之间、溪流之旁，充分利用了森林资源，保障了水源供给，溪边平地离水源近，土壤肥沃，适合开垦稻田、生产粮食。

身处世外桃源的李什坪村村民在此地绵延生息数百年，与当地自然环境融为一体，人为山中人，山为人中山。与当地自然环境不断契合的李什坪村人，将自然地理要素都化为人们茶余饭后的谈资，人们用自己独特而生动形象的命名为这些自然地理要

野人洞（李什坪村工作人员　供图）

山林瀑布(李什坪村工作人员　供图)

素赋予了新的人文色彩。李什坪村中堡子山的名字来源于古时候为了防止战乱和土匪的侵袭而在山上专门修建的防御工事“烧肉堡”(不幸的是这座古堡已经在特殊历史岁月中被摧毁,但尚存地基和一些地基石柱上的精美雕花),村民集资在山中修建了这座古堡,这座古堡所在的山也就因此被命名为主亭堡,主亭堡旁边的山头也因此被称为堡子山。山下溪流将村落环抱,宛如一条巨蟒盘踞在山下,故山下的溪湾被命名为莽头湾。李什坪村前的山,与李什坪村所在的山峰正面对应,故名为照面山,守护着李什坪村的安定。当地居民还将山林中奇形怪状的石头也根据形状命名为螃蟹岩、蛤蟆岩、一支笔等。村民与山相伴,不同的地理命名也融入李什坪村生产生活的各方面,造就了李什坪村别样的人文色彩。

李什坪村全村百年以上古树多达500余棵,构成李什坪最亮丽的景色,深入森林能够感受到原始森林的气息,幽深的森林中,一切安然和谐,散发出勃勃生机。十年树人,百年树木,参天树木怀抱着古老的村落,森林的茂密代表着人与自然和谐共生的努力。森林也不曾忘记栖息在此的人们,大自然慷慨赐予人们山果,茂密的森林调节着这里的气候,村里的古井从来没有干涸过,即使夏天炎热,只要躲进森林中,人们便能感受到深山中大自然送来的阵阵清凉,生活在这深山的人们,仿佛居住在一个世外桃源,宁静悠然,自然而淳朴。在李什坪村的老木林林区,自上而下天然形成了3条瀑布,当地人也称之为瀑布群,瀑布喷涌而出极具力量,落地水流如珠玑四溅,水雾蒙蒙,仿佛从来不会干涸,永远年轻焕发活力,富有清流激湍之势。村落地处湖南省级自然保护区,周边的森林植被茂盛,上云界大峡谷长5公里,有阳雀洞瀑布、野人洞、黑潭、水绕磨子岩等多处景观,环境优雅。据了解,夏天常有游客来此处游玩、乘凉。

## （二）动植物资源

上云界自然寨是省级天桥山自然保护区的核心林区，拥有近万亩原始次生林。李什坪属于亚热带季风区，以常绿阔叶林为主，山上一年四季绿树成荫，深入林中则隐天蔽日，春日百花齐放，花香四溢，夏日森林茂密，阵阵清凉，秋日果实成熟，硕果累累，冬日大雪覆盖，点点绿光相应点缀。山林的幽深也让当地村民心生敬意，自古人们便懂得保护山林，因为当地人相信山中有山神，触犯山神将会受到山神的惩罚。林中现存数十种珍稀野生动物，如穿山甲、麂子、刺猬等；有上百种飞禽，如红腹锦鸡、野鸡、竹鸡、乌鸦等；植物种类数百种，其中金丝楠木、竹叶楠等国家保护的稀有树种有数十种，且有多种稀有而名贵的中药材，全村挂牌保护的百年以上古树有数百棵。山上的珍贵中草药也是当地人治病的主要药材来源，只要找对中药材配料良方，上山采齐药草，一般小病只要一服药便能够药到病除。稳定的生活是人与自然和谐统一发展的结果，当地的村民懂得吃山也懂得养山，特别是村前的山是不允许砍伐的，这是村庄的天然防御，也是良好生活环境的重要依托。为此，在很久以前，村民们便自发立下村规民约，不允许采伐村前山上的林木，违反的人要在年末的时候以杀猪请吃饭的形式向大家赔罪，若不赎罪，将会面临族内的集体谴责。

古树群（方玉萍　摄）

（本章由吴开松、方玉萍撰写）

# 第十章 塘食溪村

俯瞰塘食溪村，全村6个组12个自然寨，间距2～3公里，错落有致；远观该村，群山起伏，茂林密布，自然环境优美，酉溪河穿村而过，于山林中划出一道优雅的弧线，整个村落犹如被一双巨大的绿色手掌环抱。青山绿水间飘来一曲曲委婉动听的民歌，和着清爽的秋风传递给远方的客人，塘食溪村仿佛在述说自己沉淀已久的悠久历史，邀人细细品味这坛尘封多年的老酒。吊脚楼、百年老宅、明清时代院落石门残余以及原始生产加工的水碾、碓、磨、古井、土地堂等，淋漓尽致地展示了村落古往今来的物质文化生活。2019年6月，塘食溪村被列入第五批中国传统村落名录。

# 一、村落概况

## （一）地理生态环境

塘食溪村在泸溪县西北，由原塘食溪村、龙背山村和池塘村三村合并而成，现辖6个组12个自然寨，全村总面积29.12平方公里，与吉首、古丈、沅陵三县市相交，距离镇政府35公里，距离县城55公里。此地山多林密，风景秀丽。

塘食溪村在地质类型上属于中国南方喀斯特岩溶地形区，平均海拔380米，最高点唐家坪螺丝界海拔482米。山峦连绵起伏、沟壑纵横、森林密布，山间溪水潺潺而动，由山、石、溪、沟、瀑、洞、林、峡、潭等自然元素构成的自然景观美不胜收。淳朴的苗家人民居住于此，享受着传统而闲逸的生活，他们与自然互动过程中，赋予自然以灵性，每一座山、每一个洞、每一条河都有自己专属的故事传说。两侧群山犹如绿色卫士，拱卫着河岸上的古老村寨。山绿、溪清、林密、人淳是其基本特征。

水是万物之源，村寨因水而兴，文化因水而荣。古老的酉溪河斗折蛇行般穿过村寨，滋润着世世代代塘食溪人。酉溪河为沅江一支流，发源于古丈境内，犹如一无往而不利的刀，把群山切割开来。河流穿谷而过，经梁家潭、桌子潭等自然寨由北至南贯通整个塘食溪村，从大村潭东北方流入沅陵县境内。村内有多条小溪流交织纵横，最后汇入河流，水资源极为丰富。

塘食溪村属亚热带季风湿润气候，年平均气温在18℃，雨热同期，适宜农作物生长。当地土壤呈棕褐色，含磷、钾成分较高，适宜农作物和森林植被生长。在整个村落的土地上，除百姓种植的水田和耕地外，其余的土地都覆盖着茂密的森林植被。森林可谓是塘食溪披上的绿色外套，带给整个村子生机与活力。塘食溪现今森林覆盖率超过90%，森林资源相当丰富，原始丛林面积达8995亩，其中生长着许多珍贵药材、各类名贵树种以及野生动物等，环境优美、空气清新。

对于世代生活于此的塘食溪百姓来说，森林不仅是风景，更是生活方式和精神寄托。在经济收入有限的时期，伐木曾经是村民的一项重要经济来源。受山地自然条件限制，刀耕火种的生产方式一直保存到如今。在生产力落后的年代，每当农闲时节，上山狩猎是村落内青壮年集体娱乐狂欢的一种方式。春夏时节，入山挖竹笋、采野菌、打板栗、挖野菜、采蜂蜜不仅是娱乐消遣的一种方式，也是增加家庭收入的有效方式。遗存于村落各处，有数百年历史的橡子树、石栎树、古枫树等，这些古树不仅给村庄增添了古老的历史感，更寄托着村民的精神和信仰。20世纪80年代以前，塘食溪森林资源受到很大破坏，90年代后国家推行退耕还林政策，森林植被开始逐步恢复，往日沉寂的山林又变得热闹非凡，飞禽、走兽、蛇虫类、两栖类等动物资源极大地丰富了塘食溪的风景。

塘食溪风貌图（塘食溪村工作人员　供图）

## (二)村落布局

塘食溪村历史悠久,文化底蕴深厚,整个地域都覆盖着茂密的森林植被,青山绿水,鸟语花香,环境优美,气候宜人。村内85%以上的民居建筑是杉木、松木为主的木质结构,一股醇厚的民族村落历史文化气息扑鼻而来。百年老宅,土地堂,明清时代院落石门残壁及原始生产加工使用的水碾、碓、磨、古井等多达上百处,淋漓尽致地展示了村落古往今来的物质生活变迁,吊脚楼与“虎口”形五柱六挂木屋相互衬托,把每一个村寨装扮成山野别墅。如飘带般的乡村公路蜿蜒逶迤地穿过每个自然村寨,将每个村寨紧紧联系在一起。“小桥流水人家”的田园风光在此地一览无余,这里不失为旅游观光休闲避暑的好去处。

村落中每个自然寨的选址都嵌入了人文元素,遵循了人与自然和谐相生的原则,依山而建,傍水而生。龙背山自然寨因龙背山的山脉神似一条巨型卧龙,所以先祖们选址定居在此,叫作“骑龙上东海、富贵进朝廷”。池塘自然寨(原名莲花池)则借助于神话中观世音菩萨喜欢住在莲花池边的说法,成为人们眼中的一块风水宝地。官寨、店上、石家寨、塘食溪、毛寨和唐家坪6个自然寨的选址,借助山水格局,处于山环水抱的中央,地势依山面水,这种布局遵循了“负阴抱阳、背山面水”“前有照,后有靠”的风水理念,其中官寨张氏家族到此居住达649年之久。店上自然寨是该村落的相对集中点,先人选址于此,是由于河床狭窄的河流在此处突然变得开阔,有利于各种手工作坊、商铺经商,同时这里又是沅陵至古丈的水陆交通要塞。

塘食溪村12个自然寨中有6个自然寨坐落于西溪河两岸,依山傍水呈阶梯形而建。官寨位于南岸,进寨公路坡陡弯急,通村公路直达寨子正中,但是到达村寨后,发现整个村寨坐落在半山腰上的一块缓坡之上,站在寨子中间,目光随着一排排吊脚楼顺势而上,整个村寨慢慢浮现在眼前。店上这个寨子沿河道而建,一条通村公路直接进寨,去农户家里就几步之遥。石家寨分布在半山坡中间，山脚下百米便是西溪河，公路直接进入寨子，寨子里的农户居住较为分散，以单户为主，户与户之间有几十米距离，村落布局呈梯形。塘食溪分布在山顶斜坡上，公路直接进入寨子边缘，农户房屋居住密集，寨子中间多条古巷道路连通到每个农户家里。朱食溪分大寨、小寨，两寨均在山坡上，中间隔有一条田垄，人口居住较为分散。龙背山寨居住人口较多，房屋密集，栋栋相连，人行石板路纵横交错地分布在村寨中，处处可相通。池塘也是依山傍水，中间一条大田垄将村寨一分为二，通村公路直达村寨。

村民们在选址构建这些村寨时，充分考虑到采光、水源和朝向的合理性，顺坡而建、前低后高，呈梯次，户与户之间被巷道隔开，有利于防火防盗，又借助依山傍水的特殊地理位置，使村寨间隔很近。山环水抱中的村庄，前有田野、河流，东西两侧有树林，有良田美池桑竹之属。夏天凉风从田野吹来通过巷道进入房屋，冬天寒风被后山挡住。先辈们充分利用自然气候和地理条件，因地制宜，符合节约资源、尊重自然和可持续发展的原则，良田和村道阡陌纵横，寨与寨之间鸡犬相闻，人们用日常生活演绎着美丽的乡居田园。

## （三）村落来源

最早迁移到此的属张和陈两大姓氏。据该村张氏族谱记载，明洪武元年（1368年），“江西填湖南”，张氏家族从江西迁徙至此，至今已有600余年。陈氏家族自明代从江西迁徙到此，至今也有600多年之久。石氏家族是清朝嘉庆年间从泸溪老城石家巷迁移到塘食溪二组（石家寨），至今有200余年历史。

该村主要以张氏和陈氏两大派姓为主，民国时期属孝安乡，由六堡中的布条堡管辖。最先发源的张氏派系，源于明洪武年间，一位张姓男性与一位陈姓女性从江西紫金山逃婚离家出走到湖南辰州府（沅陵）定居半年，两人又迁徙到现在的官寨扎根落户。夫妻俩生育五子后，人口不断地增长，夫妻俩及三子留在此地繁衍生息至今,其他子孙到异地生存发展。陈氏家族是明末清初时期,从吉首迁徙到现在的洗溪镇三角潭村大村潭定居。据述,明末,陈氏派姓一位陈友谅的后人在朝廷做官,得罪了皇上,皇上采取诛灭九族的手段要灭掉陈氏派姓,为逃过一劫,他们将陈姓改为张姓。清初,他们又从大村潭搬到现在的塘食溪村龙背山定居,并将其张姓恢复为陈姓,至今有300多年之久

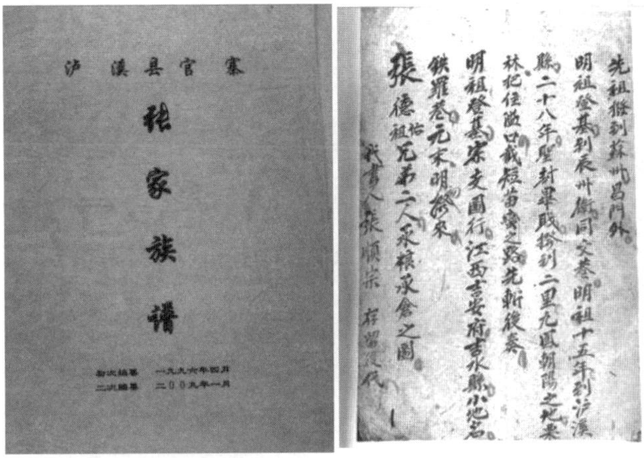


张家族谱(塘食溪村工作人员 供图)

1961年建立人民公社时,该村分为塘食溪大队、龙背山大队、池塘大队。1984年改公社为乡(镇)时,该村分为塘食溪、龙背山、池塘三个村。2005年随着行政区划调整,撤乡并村之后,原龙背山和池塘两个村被撤并为八什坪乡塘食溪村,所以该村属合并村。2014年10月,行政区划再次调整,原八什坪乡和良家潭乡被撤并为洗溪镇,现该村更名为洗溪镇塘食溪村。

## (四)经济社会发展状况

### 1.经济

塘食溪村年轻人受教育程度为初中以上,劳动力约有1550人,其中

外出务工人员占总劳动力的69%以上。全村有耕地4500亩,其中旱地面积为1100亩,水田面积为880亩,有林地面积14600亩。土壤类型主要为红土,较适宜种植水稻、玉米、油茶、烟叶等。

该村依靠当地丰富的自然资源优势,充分发展当地的养殖业和种植业。猪、羊、牛、鸡、鸭、稻花鱼等是当地最主要的传统养殖业,特色养殖业有蜜蜂、马蜂、野生竹鼠等。目前规模较大的产业基地有千亩油茶种植基地,主要采取"村集体公司+专业合作社+农户"三方受益模式,联合泸溪县官湘油茶农民专业合作社在塘食溪村共种植油茶2800亩。有药材产业基地还有有机茶叶基地依靠塘食溪村五组龙背山集体茶场得以拓展,2013年起,龙背山集体茶场引进茶叶公司共同开发经营,茶叶公司对土地整体承包,对茶场进行统一种植、培管、加工、营销。其他种植养殖尚没有形成产业化、规模化效应,产业带动能力与养殖技术有待提升。家庭零散种植还是传统的水稻、青蒿、烤烟、玉米、椪柑、四季金银花等,主要经济作物青蒿的种植面积达800亩,年产量有15万余斤。村民收入主要来源于劳务输出、养殖业和种植业。村集体经济主要是依靠一座60千瓦光伏并网电站。

村民打包烤烟(李椰　摄)

#### 2. 基本公共服务水平不断提高

"要致富先修路",塘食溪村6个组已通公路,道路硬化率达100%,村村通公路转向了村村通客车。自来水全覆盖,饮水安全率达100%。广播电视覆盖率达100%。已实现宽带线路进村入户,网络覆盖率达100%。环境卫生改造取得显著成果,村里设置了专门的垃圾处理点,垃圾集中处理率达100%。厕改率达60%。

基本公共服务均等化体现在适龄儿童入学率达100％，新型农村合作医疗覆盖率达100％，全村医保覆盖率达100％，养老保险覆盖率达100％，村里现建有1所标准卫生室，1名乡村医生，能满足村民最基本的健康需求。

### 3. 乡村治理体系和治理能力逐渐提高

村党支部积极按照上级关于党建工作的总体部署和要求，紧紧围绕党员教育工作、脱贫攻坚工作，从加强学习教育、强化内部管理和完善制度机制入手，转变工作作风，狠抓工作落实，切实加强党建工作，提高党员的整体素质，扎实推进脱贫攻坚工作及其他各项工作。村党支部始终把“真抓实干，服务村民”作为加强党支部建设的核心，按照上级党建目标要求不断加强自身建设，目前塘食溪村党支部班子团结协作、勤勉为民、凝聚力和战斗力强，使党组织的战斗堡垒作用得到充分发挥。

驻村工作队积极入村开展工作，扎根基层，调查摸底，加强“两不愁三保障”工作落实。工作队一是服从县委、县政府统一安排，2019年，通过与村、支“两委”开会、走访农户、提升满意度、发展产业等工作，顺利完成当年脱贫攻坚任务。二是协助村、支“两委”及时制定精准扶贫、精准脱贫规划，争取扶贫政策支持。工作队指导村、支“两委”结合本村实际，制定了塘食溪整村脱贫规划，重点解决“最后一公里”问题，方便群众生产、生活，包括完成村间道路硬化（8000米）、安保工程、停车场修建等。三是大力宣传，让党的扶贫惠民政策及时深入人心。工作队针对扶贫政策内容多、村民年龄差距大、文化程度参差不齐等具体情况，采取召开会议宣讲、入户宣讲、入户张贴宣传资料、书写标语、专栏公示、发手机信息等多种形式向村民宣传扶贫政策，尽可能让更多贫困户了解有哪些扶贫政策，这些政策如何去落实。每月召开四次工作队与村、支“两委”及组长会议，一次贫困户、村民代表会，学习各级党委、政府对扶贫工作的文件要求，宣传各项扶贫政策，其间共书写固定标语24幅，印发扶贫宣传资料300余份。四是狠抓结对帮扶工作。按照“5432”结对帮扶政策规定，继续对全村建档立卡贫困户进行结对帮扶全覆盖，广大帮扶干部深入田间地头，走进农家小院，用心倾情结对，了解民情、民意、民需，鼓励他们及时动员、精准施策，共同探讨脱贫致富的好路子、好办法，共同打好脱贫攻坚战。

全村共663户2386人，系苗族聚居区，苗族人口占全村总人口90%左右，剩余大约10%为土家族与彝族，各族人民团结友爱，民风淳朴，村民之间相互帮助，十分融洽。

为全面推进社会主义新农村建设，努力形成乡风文明的良好社会风尚，营造良好的生活和发展环境，塘食溪村按照“发展生产、生活宽裕、乡风文明、村落整洁、管理民主”的要求，结合本村实际，制定了村规民约。

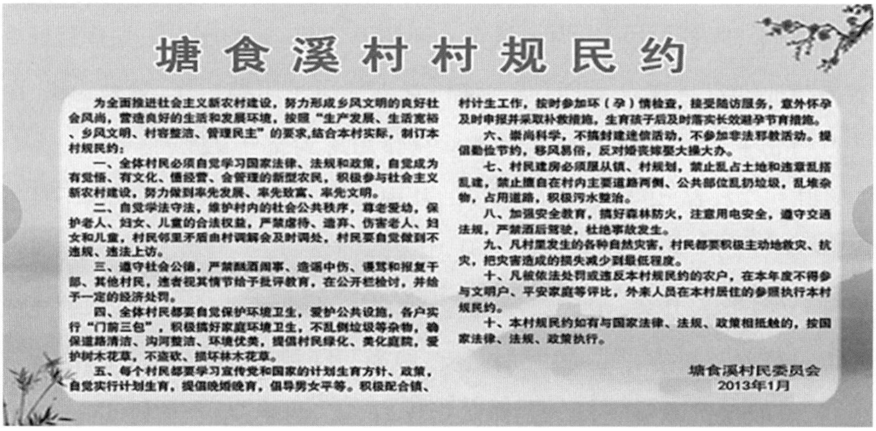

塘食溪村村规民约

为全面推进社会主义新农村建设，努力形成乡风文明的良好社会风尚，营造良好的生活和发展环境，按照“生产发展、生活宽裕、乡风文明、村容整洁、管理民主”的要求，结合本村实际，制订本村规民约：

一、全体村民必须自觉学习国家法律、法规和政策，自觉成为有觉悟、有文化、懂经营、会管理的新型农民，积极参与社会主义新农村建设，努力做到率先发展、率先致富、率先文明。

二、自觉学法守法，维护村内的社会公共秩序，尊老爱幼，保护老人、妇女、儿童的合法权益，严禁虐待、遗弃、伤害老人、妇女和儿童，村民邻里矛盾由村调解会及时调处，村民要自觉做到不违规、违法上访。

三、遵守社会公德，严禁酗酒闹事、造谣中伤、谩骂和报复干部、其他村民，违者视其情节给予批评教育，在公开栏检讨，并给予一定的经济处罚。

四、全体村民都要自觉保护环境卫生，爱护公共设施，各户实行“门前三包”，积极搞好家庭环境卫生，不乱倒垃圾等杂物，确保道路清洁、沟河整洁、环境优美，提倡村民绿化、美化庭院，爱护树木花草，不盗砍、损坏林木花草。

五、每个村民都要学习宣传党和国家的计划生育方针、政策，自觉实行计划生育，提倡晚婚晚育，倡导男女平等。积极配合镇、村计生工作，按时参加环（孕）情检查，接受随访服务，意外怀孕及时申报并采取补救措施，生育孩子后及时落实长效避孕节育措施。

六、崇尚科学，不搞封建迷信活动，不参加非法邪教活动。提倡勤俭节约，移风易俗，反对婚丧嫁娶大操大办。

七、村民建房必须服从镇、村规划，禁止乱占土地和违章乱搭乱建，禁止擅自在村内主要道路两侧、公共部位乱扔垃圾，乱堆杂物，占用道路，积极污水整治。

八、加强安全教育，搞好森林防火，注意用电安全，遵守交通法规，严禁酒后驾驶，杜绝事故发生。

九、凡村里发生的各种自然灾害，村民都要积极主动地救灾、抗灾，把灾害造成的损失减少到最低程度。

十、凡被依法处罚或违反本村规民约的农户，在本年度不得参与文明户、平安家庭等评比，外来人员在本村居住的参照执行本村规民约。

十、本村规民约如有与国家法律、法规、政策相抵触的，按国家法律、法规、政策执行。

塘食溪村民委员会
2013年1月

塘食溪村村规民约（塘食溪村工作人员　供图）

## 二、文化遗产

### （一）物质文化遗产

#### 1. 传统建筑

生活于塘食溪村的村民，至今保留着传统的文化特质，其中最为明显的文化特质，莫过于保存完好的古民居了。通过调查了解到，目前塘食溪村保存完好的木质房屋有156栋，这些木质房屋建造年代最为久远的有百余年历史，大部分为民国中后期和中华人民共和国成立后修建。苗族传统建筑注重龙脉，除了有依龙脉而建和人神共处的神化现象外，还有着十分突出的空间宇宙观念。房屋选址必须考虑到空间宇宙观，力求建筑、人与自然浑然一体。这些房屋依山傍水呈阶梯形，层层叠叠，依次分布而上，既顺坡而上形成极佳的“靠背山”，又面向涌动不息的西溪河，符合风水上所说的“屋对山”的传统。建筑以户为单位分布，受自然和地理环境的限制，建筑材料以木质为主，在原材料上雕梁画栋，各种窗花、浮雕、石基的雕花栩栩如生。传统建筑以苗家吊脚楼居多，五柱六挂的木质民房分散分布，这充分展示出了苗家人依靠自然、利用自然、与自然和谐相处的生态观念，折射出了苗家人的信仰崇拜以及“天人合一”的宇宙观念，体现出了当地独特的建筑工艺，具有很高的实用价值和观赏价值。

雕花（塘食溪村工作人员　供图）

当地吊脚楼样式各异，既有虎口形木屋，有一排正屋的一字形，也有呈天井形的四合院吊脚楼，还有走马形吊脚楼等，楼的样式随着地理条件变化而变化。吊脚楼建造根据地形顺坡就势，有的是正屋、厢房全吊，有的是正屋不吊厢房吊，一般是飞檐翘角的“走马转阁楼”。塘食溪村中数虎口形吊脚楼最多，木料为松木，小青瓦配上白色的水泥瓦头，四周壁面及吊挂涂上桐油后呈橙色，左右两间为居室，以中柱为界分为两半，前面作火炕，后面作卧室，中间为堂屋，堂屋后壁为祖先神位，即神龛。一字形木屋，木料为松木，分上下两层，呈五柱六挂或五柱八挂的穿斗式木结构，其基本形制与虎口形吊脚楼相似。走马形吊脚楼为苗族的传统建筑，有节约土地、造价低廉、通风、干燥、防潮等优点。结构为木质，分上下两层，

虎口形吊脚楼(塘食溪村工作人员　供图)

屋顶盖小青瓦配上白色的水泥瓦头,四周壁面及吊挂涂上桐油后呈橙色,花格门窗花式多样,下层中间为堂屋,左右两边称为饶间,作居住、做饭之用。吊脚楼上层有绕楼的曲廊,曲廊还配有栏杆。天井式建筑,左右两间为居室,以中柱为界分为两半,前面作火炕,后面作卧室,中间为堂屋,堂屋前为露天小型院落,堂屋后壁为祖先神位。目前村内大部分都是这四种类型的传统建筑,村民依托丰富的木材资源,利用传统手工艺建造居所,过着相对传统的生活,悠然自得地享受着宁静生活。

走马形吊脚楼(李椰　摄)

## 2. 四合院

塘食溪村除了依山傍水的传统吊脚楼外,还有许多反映着先民们生活遗迹的历史见证物。清代的四合院和清代的木质老房子是村内历史环境要素的典型代表。在塘食溪村中有七个清代四合院的遗址,均修建于明清时期,如今院落已废弃,石门尚存,有石门闩、石刻门方和太极图,过去用于村民防御,也象征着院主的富贵显达。

### 3. 古井

村里的古井为村民提供甘甜可口的泉水，养育着一辈辈的塘食溪人。打井讲究水脉，先人们在龙背山龙形地龙嘴之处打井一口，寓意取龙涎所饮，恩泽子孙。目前村落保存完好的古井有6处，普遍为清朝末期所修，井深1.5米左右，以长条岩石堆砌，顶部用长条石盖住三分之二，防止落叶等一些杂物落入井中，取水口略低，方便取水。古井曾经提供了村民日常生活的直接饮用水，井水冬暖夏凉。

残留四合院石门(李椰　摄)

古井(李椰　摄)

### 4. 清代石桥

塘食溪河流众多，先民们为方便日常的生活和劳作，在村内修建了许多古石桥。目前村内保护良好的有五座清代石板桥，全部是用岩石和石灰所建，呈拱形结构，至今有150多年的历史，其中有两座在20世纪70年代建造濛溪电站修公路时进行过维修加固，现如今还在使用中。

清代石桥(李椰　摄)

### 5. 土地堂

按照当地风俗，每个自然寨都有一个“土地堂”，系村民自筹自建，逢年过节每家每户都在团圆饭之前，提上祭品、香、纸钱先到土地堂拜土地神，燃放鞭炮，祈求土地神保佑来年五谷丰收、家人健康平安。说到土地堂，不得不提官寨的土地堂，建造至今已有600年之久。关于这座土地堂的历史，据传曾经张氏有个人生性凶狠残忍，无恶不作，大家对他十分仇恨，但谁也惹不起他。一日，十几位贫民来到县衙告状，县太爷安排了几十号人马去此地探个究竟，结果也被全部打伤而归。无奈之下，县太爷只好起草状纸递交朝廷，朝廷派兵前来征剿，清剿了这个张氏子弟。清剿完成后，领兵的将领将所遇到的事告诉皇帝。皇帝立即派人在官寨进寨的虎头处。建一座土地堂，让土地神管好这一方人不许乱说乱动。所以土地堂历史悠久，后来附近十里八乡的人们逢年过节都去此土地堂烧香拜神。

**6. 老式榨油坊与水碾**

当地人生来勤奋充满智慧，在生产生活中充分发挥智慧，利用自然资源，制造出了许多自给自足的生产生活工具，比如老油坊、水碾、石碓、织布机等。村内目前有一座保存完好的老式榨油坊，每年到榨油时节，村内部分居民会到这里榨油。当地人认为这种老式的榨油机榨出来的油比机器榨出来的油要好吃很多，这种原生态的东西正是目前人们所追求的。水碾主要是利用水流形成动力推动石碓把稻谷碾成米，这生动地展现了传统农耕文化人民的生活智慧。织布机在男耕女织的传统农耕文明时代满足了自给自足的生产生活需要，它是传统农耕文明的“活化石”。

老式榨油机（塘食溪村工作人员　供图）

这些历史环境要素不仅体现着先民们的勤劳与智慧，为后代人提供了物质与精神的底蕴，更是为塘食溪增添不少历史文化色彩。

## （二）非物质文化遗产

### 1. 民族服饰

在改革开放以前，塘食溪村很多人在日常生活中是穿着苗族传统服饰的。塘食溪地区苗族的服饰，男女差异很小，都是色彩斑斓的。当地苗族男子的衣饰较为简单，头缠白布帕，身穿对襟衣，衣袖长而小，裤筒短而大，喜包青色裹脚。头帕长一丈以上，有多至三丈的。缠戴时多呈斜十字形，大如斗笠，衣服的颜色有花格、全青、全蓝等，其中以花格布衣最有特色。衣扣一般为七颗。有的青年男子，为使人欣羡本身的富有和豪爽，穿衣多达七件。最外层的衣服只扣最下边的一对纽扣，第二层衣服扣下面两对纽扣……依此类推，一直到扣完最里层的七对纽扣为止。这样，层层新衣全能由外看出，别有一种风趣。与苗族男子的简单衣着不同，当地苗族妇女的服饰十分精美复杂，从头到尾的穿戴都十分讲究。头上戴着白色头帕，这种白头帕上绣有四对青色花蝶，朴素美观，独具风韵。所谓“头上帕子四个角，四个角上绣飞蛾”，说的就是这种白帕。苗家的装饰品更是以精美著称。苗族妇女的首饰，造型精美，种类繁多。以制作的原材料分，有金饰、银饰、铜饰、铝饰、玉饰等，而以银饰最为普遍。从佩戴的部位分，有银帽、银盆、凤冠、苏山耳环、项圈、手镯、戒指、牙签、扣绊等，而手镯和戒指最常戴。从造型上分，仅耳环一项，就有瓜子吊耳环、石榴耳环、梅花针耳环、圈圈耳环、龙头耳环、梅花吊瓜子耳环、龙头瓜子吊耳环等。苗族妇女的衣服，过腰大而长，衣袖大而短，没有衣领。袖口之大，约在一尺以上。胸前及袖口，习惯要滚边、绣花或缕纱，并要加上花瓣于其间。有的还需在开衩和放摆前后两面的边沿刺绣挖云钩。衣服式样一律是满襟，无对襟式。制作一套苗族妇女的衣裤，缝工、绣工精致的，需工日数十。裤子较短，裤脚较大。裤筒边沿的滚边、绣花或数纱与衣服相同。礼裙长而宽，下脚沿边满绣花纹，并滚花瓣，五光十色，灼耀眩目。鞋子满绣花，头尖口大，后跟上耳，以便穿着。中华人民共和国成立后，苗族服饰受汉族的影响较大，现如今大多数青年已改着汉装，只有少数年长者还继续穿着苗族服饰。

### 2. 苗族挑花

苗族挑花取材全天然，经人工编制而成，制作程序流畅细致，制作工艺极其精巧，运用范围广，为苗族特色之一，彰显民族文化。苗族挑花在针法和外观上与十字绣有相似之处，但与刺绣预先在布料上“打草稿”不同，苗族挑花更具灵活性，其“草稿”在人脑中，甚至任意对照某一实物即可制作。而且，与刺绣反面杂乱无章相较，苗族挑花正反两面都为规整图案，皆可使用。苗族挑花讲究对称性，又具有独特的阵法走线，图案色彩简单、造型抽象，每一图案后蕴藏着故事，这些故事关联性强，串联形成民族的演变史，实为苗族的文化密码与基因。过去，因为挑花为装饰土布的主要途径，是苗族女子从小必须习得的技艺之一，但在这项工艺融入社会经济发展过程中，其特殊功能渐渐弱化，导致挑花濒临失传。为此，急需在文化传承与经济发展中寻求其发展的平衡点。

### 3. 木雕

木雕门（李榔　摄）

木雕工艺（李榔　摄）

湘西木雕属工艺术木雕类，它的形成与湘西独特的自然地理环境、当地的民俗风情及文化氛围紧密相连。它的雕刻艺术既保留了苗族文化讲究象形、对称的传统审美观，又融入汉族的文化元素，并始终与建筑艺术相生相伴。它与其他地区木雕的显著区别在于，湘西木雕在布局上十分讲究对称，造型上略显粗犷、豪放，功效上讲求实用。

经工匠们的长期实践、探索、传承和总结，圆雕、浮雕 、通雕、阴雕、镂空双面雕、镶嵌雕等雕刻手法在苗族雕刻工艺里已经相当成熟，并广泛运用于房屋构件、家具、神像、民俗、摆件、屏风等，与民众生产生活密不可分。现如今在塘食溪村仍保留有木雕作品，但是因缺少保护，年久陈旧，灰尘满布。

**4. 山歌**

苗族山歌为当地苗族抒发情怀和情感交流一种方式，在过去物质文化相对匮乏的年代唱苗歌活动尤为普遍。田野、山坡、家里、集会都唱，形式有单唱和对唱。单唱不论场合随意发挥，对唱是青年男女以山歌表达彼此的爱慕之情。

山歌对唱（塘食溪村工作人员　供图）

**5. 苗族跳香**

苗族跳香在塘食溪村流传久远，是当地苗族人通过敬奉先祖与诸神以祈求来年风调雨顺、五谷丰登而举行的一种祭祀与舞蹈相结合的大型民俗活动。它的起源可以追溯到东汉初年（约公元41年），归顺朝廷的戎氏娘娘奉命平定叛乱，最后大军凯旋。瓦乡人以最为欢乐、精彩的跳香舞蹈来庆祝胜利，并约定这一天（农历十月初一）为“跳香节”。跳香的主持人为苗老司，他武艺高强，在祭祀仪式中头戴五佛冠，身穿法袍，手持司刀、绺巾与牛角，于热闹的锣鼓声中做法事，而其法事程序分为请神灵、申法事、种五谷、发童子、大旋场五个主要部分。在苗族跳香祭祀全过程中，以苗老司独舞（旋场）为主，苗老司将多人舞、群舞与独舞三者有机地结合，形成独特的祭祀舞蹈。这种舞蹈由乐器伴奏，在其历史发展过程中，原来只用独鼓打击乐和吹牛角伴奏，至明清时，则逐渐吸收了大鼓大锣的音乐表现形式以及民间武术、辰河戏唱腔、唢呐的表现手法。等跳香结束时，参加群众就分吃糍粑、香豆腐，然后大家集体尽情歌舞，唱山歌，跳苗族瓦乡舞，使节日呈现一片欢腾的场面。跳香主场结束后，再由近及远依次到各村寨“跳香”，一寨一天，以祈祷和欢庆家家户户五谷丰收，平安吉利。现今苗族跳香组织起来困难，跳香习俗随着许多苗老司的亡故而大部分失传。受外界各种文化的冲击，跳香表现形式发生相应变化，年轻一代对这种民俗文化比较忽视，从而使苗族跳香今后的发展走向及延续面临诸多困境与挑战。

### 6. 苗族“三月三”

苗族“三月三”可以说是当地苗族男女们最欢乐的日子。“三月三”，又称“挑葱节”，据传每到这天，男男女女以挖野葱为名聚集在一起，边挖野葱边说话边唱苗歌，习俗一直延续至今。“三月三”在当地又称三月节、三月会、情人节、定情节，是湘西春天里最美好的一天，是花朵最繁盛的日子，是一片歌声沸腾的海洋，苗族人的美和乐观的天性在这一天尽情释放。从四周赶来的乡亲们站满了河两边的山坡，苗族女子，无论老少，都会将自家最美的苗服和银饰悉数穿戴，她们迎风而行，满山谷都是绚丽夺目的蝴蝶。苗家子女们会在家织布上挑花刺绣，每一种绣花都有不同的寓意，不论是头上包的帕子，脚上穿的鞋子，还是衣服的裤脚、带子上，都绣着花，“花苗”便是对他们最美的称呼。在这一天山寨里鼓声飞扬，舞狮子、卖东西、八人秋……人们按照自己的年龄与喜好寻找与之相称的玩法，小孩子看猴儿鼓、扯糖、吃蒿子粑粑。一阵阵动情的歌声如潮而来——小溪旁、路边、田埂上、半山腰，一群群盛装男女，年轻的后生拿着木叶芦笙，边走边吹，姑娘们打着花伞边走边唱，太阳柔和而温暖，云雀的欢叫声与小溪淙淙流淌声交织，歌声连绵而来，与鼓声交织，河谷是天然的回音壁，让人如入梦境，而不知身处何处。苗家的姑娘也会害羞，一般会跟着阿娘或者阿姐，或者由老一代的歌师带着，年轻人三个一群，五个一伙，在路旁、在溪边、在山脚唱起各自的期待与向往，顿时在酉溪河边到处都是歌声飞扬。然后，人们会小范围分成两个队伍成群会歌、对歌，跳舞、吹奏乐器。如果运气好，还会遇到苗寨的婚礼，情人在“三月三”结婚会收到更多的祝福。苗寨的婚礼最隆重的是从拦门酒开始，拦门就要对歌，过二道关卡，寓意新人们已经历经了考验和磨难，今后都是幸福甜蜜的生活。接亲的小伙子和新郎会受到女方寨子乡亲们特别的欢迎——抹锅烟灰，谁的脸被抹得最黑，说明最受姑娘们的欢迎。在湘西，财富、声望都是其次，能唱会道就能打动心上人，苗家的爱情简单执着，简单到一首歌就动情，执着到可以一直唱到对方爱上自己。“三月三”的歌会上，有很多爱情故事都在歌声中飘荡，如深山云雀飞过，或者如同溪水流过青石，银饰叮当，在河谷回响，歌声渐渐汇聚成海洋。“边边场”人挨人，人挤人，被踩掉鞋跟的后生姑娘，羞怯地用歌声回敬，如果彼此中意，就能拉着手，去树下成双成对地唱歌了。“三月三”歌会一直延续，直到夜幕深沉，“边边场”情歌升腾，河边、桥上、吊脚楼畔，一直绵延着，如这山，如这水，如这漫漫的时光，如这不忍让人归去的温情。

**7. 赶秋**

赶秋是塘食溪村苗族的大型喜庆节日之一。每年的立秋这一天，苗族人民都要停止农活，身穿节日盛装，邀友结伴，兴高采烈地从四面八方涌向秋场。在秋场上人群摩肩接踵，附近山坡，人影晃动，花团锦簇，歌声袅袅，笑语盈盈，十分热闹。关于赶秋的由来，有的说赶秋是赶立秋日，有的说是“赶秋千”。相传很久以前，苗寨有个名叫巴贵达惹的青年，为人正直，英武善射，深受众人仰慕。一天，他外出狩猎，见一山鹰从空中掠过，便唾手拉弓，一箭射中了那只山鹰，同时坠下了一只花鞋。这只花鞋，绣工极为精巧，一看就知道是出自聪明美丽的苗家姑娘之手。巴贵达惹决意要找到这只花鞋的主人，在乡亲的帮忙下，他设计、制造了一种可以同时坐八个人的风车形秋千，取名“八人秋”。立秋这天，他邀约远近村寨的男女前来打秋千取乐。打秋千本是苗族姑娘最喜爱的活动，巴贵达惹想，那个做花鞋的姑娘，必然会来。果然，巴贵达惹的愿望实现了。在秋场上，他找到那只花鞋的主人——美丽的姑娘七娘。他俩通过对唱苗歌而建立感情，结成伉俪，生活十分美满。从那之后，人们沿袭此例，年年举行这种活动，择配佳偶，形成“赶秋”盛会。

### 8. 庙会

庙会是当地的传统风俗。目前村落有祭祀殿堂两处，除了传统节庆之外，每年农历二月十八、十九日，六月十八、十九日，九月十八、十九日，冬月十八、十九日为庙会时间，主要祭祀玉皇、灵官、观音等神灵。祭品有糍粑、豆腐、五谷等。祭祀场所在玉皇殿(跳香殿)，十八日赶到庙堂，十九日那天正式烧香纸跪拜神灵，祈求家人健康平安，礼仪完毕后大家开始唱歌、跳舞、会餐、娱乐。

### 9. 婚丧嫁娶

村落婚嫁习俗，苗族婚嫁通常流行男家迎娶、女家陪送。总体而言，凡正常完整的婚姻都应履行“提亲”“定亲”“催婚”“交礼”“接亲”“送亲”“入门”“拜堂”“回门”等仪式，其中的许多礼规礼节要求极为严格，充分展示了浓厚的苗族婚俗文化。

苗族的丧葬习俗，反映了深厚的祖先崇拜观念，一般由专人主持。丧葬仪式有：临终前孝敬、整容停灵、报丧守灵、奔葬迎宾、祭吊、哭丧杀牲、解钩、出殡、择地而葬、敬供两神、引魂复山、开歌焚巾等一系列程序。

### 10. 节庆习俗

节庆饮食方面，在春节前，村民们开始杀年猪、做腊肉、打糍粑、做豆腐，叫上亲戚朋友一起热热闹闹庆祝一年的好收成。每到清明期间，村民把青蒿洗净、斩末、挤干水分，与煮熟的糯米混在一起，放入甑子蒸熟，也是不可多得的美味。在端午节，村民们会做粽子，以祭祀怀念祖先。在端午节，村民们会通过打糍粑等活动来求得安康。农历七月是当地祭奠亡人的时节，村民杀鸡宰鸭，在屋外摆好凳子，穿好孝衣，到土地庙亲自接亡人(必须是死亡未满三年的亡人)回家，意味着头三年带亡人认回家的路，满三年后便不再接亡人。并且在整个农历七月份,其他村民不能在屋外摆放凳子,也不能在屋外挂雨伞,以防招来别人家的鬼魂。农历九月初九重阳节,村民们会在家煮肉、打糍粑,在山坡上进行为期三天的舞狮子、唱山歌、武术表演等活动,以此来祈福来年丰收。农历十月初一,村民会穿上苗服在山坡上进行跳香活动。

## 三、自然资源

### (一)西溪河

西溪河的水资源极为丰富,一路沿着红石头构成的河床冲刷,时而婉转、时而奔流、时而飞溅、时而平静,形成了许多峡谷奇观。河流是山水雕塑的结果,而河流本身又影响着村民的生产生活,西溪河贯穿塘食溪而过,河的两岸就是天然的道路,村庄和农田错落有致地分布于河的两旁,春天油菜花、梨花、桐花竞相开放,木屋与鲜花交相辉映,宛如世外桃源,

古老的西溪河(塘食溪村工作人员　供图)

是摄影和写生爱好者的天堂。夏秋天高气爽，绿树成荫，白云竞逐，适合康养旅游。可以毫不夸张地说，没有这条河流，塘食溪可能就不会有适宜生存的条件，也不会形成可供人行走的道路，自然也就不会有数百年来的生息繁衍。

## （二）濠溪

不积小流，无以成江河。在濠溪水电站的下游，悠悠溪水潺潺流淌。秋冬季节，河水清澈见底，小鱼和小虾在水里悠闲地游动着，流水声、鸟鸣声交织成美妙的交响乐，在此垂钓、休闲，有似世外桃源之美。从塘食溪逆流而上，来到了修建于20世纪70年代初的濠溪水电站，坝高30多米，跨度约80米，发电量约1250千瓦，蓄水量达800多万方。蓝天、白云、树木倒映在坝上的水面上，在阳光的照耀下，金光闪闪、波光粼粼，一碧万顷，成群的鱼儿相互追逐，时而跃出水面，溅出点点水花，泛起层层涟漪。青山倒映、相映成趣，划着小渔船或木筏去垂钓，甚是悠闲。

濠溪水电站（李椰　摄）

## （三）神奇阳雀洞

西溪河的众多支流构成了遍布塘食溪村的毛细血管，其中有一条发源于阳雀洞的小支流，泉水晶莹明澈清冽甘甜，泉边的水草像条条翠绿的绸带，轻盈悠闲地摆动着。清澈见底的泉水淙淙地从洞口流淌出来，道道清泉，似条条琴弦，弹拨着优雅轻快的乐曲，在洞口前方汇成欢快的交响乐，向前奔流。可能是因为水流长年累月的冲击，在洞口处形成一处深潭，潭水清澈见底，阳光穿过树林洒在水面，形成闪闪金光。洞口周围树木参天、植被繁茂，透过树叶的缝隙才能看见斑驳的阳光，见着完整的太阳得到正午时分。无数阳雀在此栖息。据传每年清明前后，阳雀洞是附近十里八乡最早听到阳雀啼叫的地方，因此就取名为“阳雀洞”。

## （四）螺丝界原始次生林带

全村90％的地域被森林植被覆盖，海拔最高的螺丝界与天桥山省级自然保护区的核心林区上云界原始次森林紧密相连，是泸溪县原始次生林保存较完好的区域之一。此地的主要树种包括杉树、枞树、青冈树及各种杂木，为针阔混交林和常绿树与落叶树共生林立体构图，属国家保护的稀有树种有数十种。现存数十种野生动物，如麝香、穿山甲、麂子、狼、刺猬、野猪等。有上百种飞禽，如锦鸡、野鸡、竹鸡、乌鸦等。有多种名贵中药材。山上一年四季绿树成荫，每个季节都有不同的颜色：春天花开时节，鲜花漫山遍野，万紫千红，蝴蝶在花间翩翩起舞；夏天山坡葱葱郁郁，树木苍翠欲滴；秋天落叶金黄，与绿叶交相辉映；

官寨俯瞰（塘食溪村工作人员　供图）

冬天白雪皑皑，天地一片苍茫，别有一番风味。实属炎热夏季避暑、休闲的好去处。

（本章由吴开松、李榔撰写）

# 后　记

泸溪县位于湖南省西部，湘西自治州东南端，是一个由汉族、土家族、苗族等组成的多民族地区。泸溪县历史文化底蕴丰厚，自然风光秀美，是中国盘瓠文化的发祥地，东方戏曲活化石辰河高腔目连戏的保留地，沈从文解读上古悬棺之谜的笔耕地。

2012—2019年，在住房和城乡建设部公布的五批中国传统村落名录中，泸溪县共有10个传统村落名列其中。

2019年，中南民族大学部分学院的师生对湘西土家族苗族自治州泸溪县的10个传统村落进行了初步的走访调研，调研组主要从文化遗产（包含物质文化遗产和非物质文化遗产）、自然遗产等方面对10个传统村落展开全面调研。为进一步完善丰富调研内容，中南民族大学公共管理学院师生于2020年7月再次赴该地进行了实地调研，并将调研成果整理成篇汇成书册。

需要说明的是，各村落中涉及的人口、经济、基础设施等数据是在调研期间访谈村干部的基础上，根据其所提供的相关资料获得的。由于本书编撰出版周期较长，数据具有一定的滞后性。

本次调研得以顺利进行离不开泸溪县各方的大力支持。感谢：泸溪县文化旅游广电局、泸溪县住房和城乡建设局；泸溪县人大财经委主任委员、常委会预算工委主任覃芳;泸溪县教育局副局长左立华;泸溪县洗溪镇人大主席许德友;泸溪县达岚镇副镇长向春燕;洗溪镇张家坪村主任龙修旺;洗溪镇布条坪村支部书记杨启剑、村民杨水清;洗溪镇欧溪村支部书记龚祖友;洗溪镇三角潭村支部书记向邵其、村第一书记李兴水、村民张祖金;洗溪镇李什坪村支部书记田祖南、村民田绍义;洗溪镇椰木溪村支书邓克钊、村民邓家刚;达岚镇岩门村村民康启文;潭溪镇新寨坪村支部书记杨忠良、村民符自元等。

2019年中南民族大学部分师生对泸溪县传统村落的初步调研为书稿的撰写提供了许多参考资料。其中洗溪镇张家坪村、芭蕉坪村、布条坪村、欧溪村、塘食溪村、三角潭村、李什坪村、椰木溪村分别参考了彭颂策、周林涧、吴其凌、向小峰、彭进、向加利的部分调研资料;达岚镇岩门村参考了李裔龙的部分调研资料;潭溪镇新寨坪村参考了阙成博的部分调研资料。除此之外,还要感谢中南民族大学中华民族共同体研究院博士研究生汤渊、中南民族大学公共管理学院本科生左芯位在调研中提供的帮助与支持!

参加本书撰写的作者为吴开松、方玉萍、郭倩、李敏敏、刘璐、李椰、付倩、王潇、朱厘。由于水平有限,本书可能存在许多不足之处,敬请读者批评指正!